汉语国际传播与国际汉语教学研究丛书　总主编：吴应辉
Series of Chinese Language Globalization & International Chinese Language Teaching Studies
Chief Editor: Wu Yinghui

美国名校在华汉语强化教学模式比较研究

A Comparative study on the chinese teaching patterns of renowned american univerities in china

谷　陵 / 著
By Guo Ling

中央民族大学出版社
China Minzu University Press

图书在版编目（CIP）数据

美国名校在华汉语强化教学模式比较研究 / 谷陵著. —北京：中央民族大学出版社，2017. 12

ISBN 978-7-5660-1471-9

Ⅰ. ①美…　Ⅱ. ①谷…　Ⅲ. ①汉语—对外汉语教学教学模式—对比研究—美国　Ⅳ. ①H195. 3

中国版本图书馆 CIP 数据核字（2017）第 310596 号

美国名校在华汉语强化教学模式比较研究

作　　者	谷　陵
责任编辑	戴佩丽
封面设计	符　蓉
出 版 者	中央民族大学出版社 北京市海淀区中关村南大街 27 号　邮编：100081 电话：68472815（发行部）传真：68932751（发行部） 68932218（总编室）　68932447（办公室）
发 行 者	全国各地新华书店
印 刷 厂	北京盛华达印刷有限公司
开　　本	710×1000（毫米）　1/16　印张：17
字　　数	260 千字
版　　次	2017 年 12 月第 1 版　2017 年 12 月第 1 次印刷
书　　号	ISBN 978-7-5660-1471-9
定　　价	68. 00 元

汉语国际传播与国际汉语教学研究丛书总序

吴应辉

目前来华学习汉语人数不到全球学习汉语人数的1%，而在中国境外学习汉语的人数达99%以上。国际汉语教学已成为学术界关注的一个热点，然而从目前出版和发表的有关论著来看，研究对外汉语教学的很多，但研究国际汉语教学的很少。汉语国际传播及国际汉语教学的实践已经超前于理论，或者说我们的汉语国际传播及国际汉语教学理论滞后于实践。作为国际汉语教学的从业者，大家都应肩负起历史使命，对汉语国际传播及国际汉语教学进行研究，深入探讨相关的理论和实践问题。

中央民族大学在20世纪50年代就开始了对越南学生的汉语教学，成为当时中国最早接收外国留学生的八所院校之一，但在对外汉语教学学科建设方面起步较晚。近年来，中央民族大学国际教育学院调整了学科建设方向，将研究力量集中于汉语国际传播和国际汉语教学。在学校的大力支持下，我们的国际汉语教学学科建设已经取得初步成果。我们在全国高校中率先在语言学及应用语言学专业博士研究生培养中设立汉语国际传播研究方向；我们是全国第一个明确把“国际汉语教学”列为重点培育学科加以建设的汉语教学机构；我们创新性地设计并组织实施了“汉语国际教育硕士”的“1+2+X”培养模式；我院绝大部分专职教师和20多位中外博士生都把研究方向集中到了国际汉语教学及其重要组成部分汉语国际传播上，研究领域包括泰国、马来西亚、缅甸、韩国、美国、越南等国家的汉语传播问题，内容涵盖国际汉语教学宏观和微观层次的诸多问题；我们已承担了包括两项国家社科基金课题、教育部新世纪优秀人才支持计划项目和教育部人文社会科学项目在内的多项汉语国际传播纵向和横向课题；我们正在进行国际汉语教学案例库和汉语国际传播数据库建设……

我们才刚刚起步，我们愿不断努力，与兄弟院校一起在汉语国际传播和国际汉语教学领域拓荒、播种，并愿意与国内外同行分享我们的收获。我们将以全球化的视野、国际化的思维和创新务实的行动，努力开展汉语国际传播和国际汉语教学研究，推动国际汉语教学学科建设，为汉语和中华文化走向世界尽一份绵薄之力。

经过中央民族大学国际教育学院两年多的策划和研究，汉语国际传播与国际汉语教学研究丛书陆续开始出版了。希望这套丛书能从各个侧面对国际汉语教学学科的形成和建设起到支撑作用，能为国际汉语教学的专家学者带来另一股清新的学术空气，给青年学者和博士、硕士研究生选择未来的研究领域提供新的视野，并为汉语国际传播有关机构提供决策参考。这套丛书虽为中央民族大学国际教育学院策划，但我们的作者并不限于本院师生，我们热忱欢迎国内外有志于汉语国际传播和国际汉语教学研究的专家学者加盟我们的队伍，我们愿意将符合丛书主题的学术成果列入丛书出版。

鉴于广大读者甚至很多业内学者和学生对汉语国际传播与国际汉语教学的认识尚不够深入，谨以本人在《语言文字应用》2010 年第 3 期上发表的论文“国际汉语教学学科建设及汉语国际传播研究探讨”作为代序，对汉语国际传播与国际汉语教学做一些学术探讨，以增进学界对国际汉语教学学科的认识。

国际汉语教学学科建设及汉语国际传播研究探讨[①]（代序）

随着汉语快速走向世界，对外汉语教学时代正在转型为国际汉语教学时代，传统的对外汉语教学正在转型为国际汉语教学，因此，有必要努力建立与之相适应的国际汉语教学学科。国际汉语教学学科应该包括传统的对外汉语教学和汉语国际传播两大部分。汉语国际传播是指建立在世界各国对汉语需求的基础之上，汉语遵循语言传播规律，从中国走向世界的语言传播现象。汉语国际传播研究是国际汉语教学研究的重要组成部分。鉴于此前很少有人讨论过相关问题，本文将探讨建立国际汉语教学学科的必要性，国际汉语教学与传统的对外汉语教学、汉语国际传播研究的关系，对外汉语教学向国际汉语教学的转型，国际汉语教学研究的理论基础和研究内容，国际汉语教学的学科建设，当前汉语国际传播研究的领域等问题，以期抛砖引玉，并希望有更多的同行参与到国际汉语教学及汉语国际传播的研究中来，不仅可以推动转型后的国际汉语教学学科建设，而且通过汉语国际传播研究为汉语国际推广工作提供更多的智力支持和决策参考。

---

① 吴应辉：国际汉语教学学科建设及汉语国际传播研究探讨，《语言文字应用》2010 年第 3 期，作者对文章进行了部分删节和小的改动。本文获“新世纪优秀人才支持计划”资助（Supported by Program for New Century Excellent Talents in University, “NCET”）。

一、国际汉语教学时代已经到来

随着中国综合国力的迅速增强，尤其是经过金融危机的洗礼，中国与世界发达国家的经济实力对比发生了很大改变，差距正日益缩小。不久前，世界银行副行长兼首席经济学家林毅夫甚至指出，到2020年中国可能成为世界第一大经济体。① 中国国际地位的快速上升，使世界各国人民了解中国的需求心理快速增强，汉语热正在世界各地悄然兴起，汉语国际传播的新时代已经到来。国家汉办主任、孔子学院总部总干事许琳说，世界上学习汉语的人数也远超中方预期。据介绍，目前全世界有109个国家、3000多所高等学校开设了汉语课程。特别是中小学开设汉语课的热情越来越高。世界各国学习汉语的人数，很多国家以50%甚至翻番的速度增长。全世界现在学习汉语的人数已经超过了4000万。② 世界范围的汉语需求增长迅速，从2004—2009年，应世界各国有关机构的要求，国家汉办派出汉语教学志愿者达6000多人。仅2008年，国家汉办就派出汉语教学志愿者1700多人，分布在46个国家。2008年全国共派出汉语教师2000余人，分布在105个国家。截止到2008年底，应世界各地有关机构的请求，全球已建立孔子学院249所，孔子课堂56个。③ 周边国家的汉语热尤为突出，“日本有200万人在学习汉语。韩国学习汉语的人数超过100万，现有的142所大学全部开设了汉语课程。韩国教育部计划在全

① 中国新闻网3月22日：http：//www.chinanews.com.cn/cj/gncj/news/2009/03-19/1608221.shtml.

② 新华网：世界“汉语热”远超预期，学习人数已超4000万。2009-03-13。http：//news.xinhuanet.com/edu/2009-03/13/content_11002421.htm

③ 以上数字引自前教育部部长周济“在2008年孔子学院大会上的工作报告”。

国中小学普遍开设汉语课。印尼目前有1000所中学正式开设了汉语课”。[①]“泰国作为汉语热的新兴国家，开设汉语课的中小学已达千所以上，学习汉语的人数10年间增长了20多倍，2007年泰国学习汉语的中小学生超过20万人（206134人）。泰国接收中国汉语教学志愿者人数列各国之首”[②]，2008年接收了870名来自中国的汉语教学志愿者，2009年仅新派志愿者就达800人，[③]加上留任的志愿者，在泰国的汉语教学志愿者人数已达上千人。泰国孔子学院建设也卓有成效，一个只有6000万人口的国家建立了11所孔子学院和孔子课堂。在泰国，学习汉语已经成为一种时尚，泰国汉语传播速度在当今汉语国际传播中是一个奇迹。在美国、欧洲，汉语教学的发展势头也非常好，美国大学理事会的调查结果显示，全美有2400多所中小学有意向在近几年开设汉语课，[④]美国出于国家安全的考虑，投入巨资开展“关键语言”（Critical Languages）教学，而汉语就是六种关键语言之一。在英国、法国、德国、俄罗斯等国家，开设汉语课的学校也在快速增加。这些事实说明，国际汉语教学的时代已经到来。

二、国际汉语教学时代需要有与之相适应的国际汉语教学学科

对外汉语教学正快速向国际汉语教学转变，对外汉语教学学

---

① 中国网：孔子学院影响力独特：4000万洋人学习汉语，2007-03-20。http://www.china.com.cn/international/txt/2007-03/20/content_7987819.htm

② 吴应辉、杨吉春．泰国汉语快速传播模式研究［J］．世界汉语教学，2008（4）。

③ 国家汉办志愿者中心提供数据。

④ 新华网：国外学中文成时尚，美2400所学校愿开中文课，2006-07-06。http://news.xinhuanet.com/edu/2006-07/06/content_4800553.htm

科也应该与时俱进，转型为国际汉语教学学科。自20世纪80年代对外汉语教学学科建立以来，我国对外汉语教学学科取得了快速发展，已形成一套自己的理论体系、研究方法，推出了大批研究成果，建立了本科、硕士和博士三个层次完整的人才培养体系，为中国的对外汉语教学事业做出了应有的贡献。2003年国家汉办推出的“汉语桥工程”① 开始实施，对外汉语教学开始向国际汉语教学转型。2004年，“国务院批准了国家对外汉语教学领导小组制定的对外汉语教学事业2003年至2007年发展规划——《汉语桥工程》，明确提出了‘集成、创新、跨越’作为对外汉语教学和汉语国际推广工作的发展战略，也就是：集成一切资源要素，采取创新的举措，实现对外汉语教学事业的跨越式发展”。② 2005年7月在北京举办的首届世界汉语大会实为汉语国际推广的首次动员大会，来自五大洲66个国家的300多位代表出席了这次大会。此次大会之后，汉语国际推广工作进入了高速发展阶段。

“六大转变”的推出，进一步加快了从对外汉语教学向国际汉语教学的转型。2006年，对外汉语教学向国际汉语教学的转变得到国家汉办等有关部门在政策层面的推动，“针对我国多年来对外汉语教学的主战场在国内，以来华留学生为主要教学对象的传统汉语教学模式不适应国外对汉语的需求状况，提出了转变观念和工作重点，实施六大转变：一是发展战略从对外汉语教学向全方位的汉语国际推广转变；二是工作重心从将外国人‘请进来’学汉语向汉语加快‘走出去’转变；三是推广理念从专业汉语教学向大众化、普及型、应用型转变；四是推广机制从教育系统内推

① 汉语桥工程主要包括孔子学院，中美网络语言教学、教材、音像和多媒体制作，国内外汉语教师队伍建设，对外汉语教学基地建设，汉语水平考试，世界汉语大会，“汉语桥比赛”，“汉语桥”基金与援助国外中文图书馆和基本建设九个方面的内容。

② 章新胜．加强汉语的国际传播，促进多样文化的共同发展［J］．求是，2005（16）。

进向系统内外、政府民间、国内国外共同推进转变；五是推广模式从政府行政主导为主向政府推动的市场运作转变；六是教学方法从纸制教材面授为主向充分利用现代信息技术、多媒体网络教学为主转变。六个转变实际包含了三个层面：体制和机制、对象和教学类型、教材和教法。换言之，从过去的‘请进来’、对有一定学历的成年人进行面对面教学，发展到‘走出去’、对社会上各式各样的人进行多种方式的教学，需要全方位的改进和改革”。① 这一政策的推出，更加快了传统的对外汉语教学向国际汉语教学的转型。

目前的汉语教学除了我国国内的对外汉语教学之外，还有100多个国家在开展汉语教学。据教育部公布的数据，2008年共有来自189个国家和地区的22万多（223499）名各类来华留学人员②，与世界各国学习汉语人数相比，仅占不足1%（0.56%，按全世界4000万人学汉语的数字计算）。我国2008年派出的汉语教学志愿者和汉语教师达3000多人，但他们只占世界各国汉语教师中极小的一部分。这些数据已经充分说明，汉语教学的主体不在国内而在国外。国际汉语教学时代已经到来。因此，我们有必要在传统的对外汉语教学学科的基础上扩充改造，形成与汉语国际传播形势相适应、更有利于学科发展的国际汉语教学学科。对外汉语教学的内涵是“对外国人的汉语教学”，隐含着“老师是中国人，中国老师教外国学生”之意。但进入国际汉语教学时代，当千千万万的外国人就在自己的国度学习汉语的时候，教授他们汉语的老师可能绝大多数都是本国人，对外汉语教学这一名称在中国以外的其他国家就显得不太合适。作为一个学科，其内涵已发生了巨

---

① 许琳．汉语国际推广的形势和任务［J］．世界汉语教学，2007（2）。

② 教育部2009年第6次新闻发布会：介绍2008年中国教育对外开放总体情况及出国留学、来华留学事业发展情况。见教育部网站：http：//www.moe.gov.cn/edoas/website18/02/info1237941653766102.htm

大变化，甚至已变化到原有的学科名称不能涵盖的程度，因此，非常有必要用“国际汉语教学”替代“对外汉语教学”。这样，国际汉语教学学科就能很好地涵盖国际汉语教学时代的学科内涵发展需要。尽管形式上对外汉语教学这一名称的使用仍然居主导地位，但现实中对外汉语教学学科已进入了国际汉语教学学科时代。从这个意义上讲，国际汉语教学这一能够充分反映此变化的新的学科名称替代“对外汉语教学”这一传统学科名称实属必然。

此外，现实中，“国际汉语教学”这一术语已在汉语教学界广泛使用，如由世界汉语教学学会定期召开的学术会议的名称确定为“第×届国际汉语教学讨论会”，由美国中文教师协会与中国大学联合定期举办的学术会议的名称确定为“第×届国际汉语教学学术研讨会”，国家汉办 2009 年 4 月与北京语言大学合作建立了“国际汉语教学研究基地”，其中使用的都是“国际汉语教学”，北京外国语大学出版的学术辑刊叫“国际汉语教学动态与研究”（2009 年开始更名为“国际汉语教育”），国家汉办制定的一套汉语课程大纲叫“国际汉语教学通用课程大纲”，其他使用较多的还有“国际汉语教学创新奖”“国际汉语教学资源展”“国际汉语教学图书展”等。总之，“国际汉语教学”这一术语在没有任何人刻意把它作为学科名称推出的情况下，在现实中已被无声无息地广为接受了。

当然，也有专家认为，应该使用“国际汉语教育”“汉语外语教学”“汉语作为外语教学”“汉语作为第二语言教学”等名称，但笔者认为，“教育”有教书育人之意，隐含道德说教之嫌，中国教育特色太明显，毕竟这一学科名称是要涵盖全球汉语教学的，主要任务是“教书”，“育人”之功能宜弱化。而“汉语外语教学”实为“汉语作为外语教学”的缩写，在人们对“汉语作为外语教学”和“汉语作为第二语言教学”两个术语争论不休的今天，“汉语作为外语教学”强调的是汉语在非汉语环境中作为外语的教学，也就是汉语在中国以外的其他国家自己的语言环境下的汉语教学，而“汉语作为第二语言教学”这一术语的内涵存在两种主要争议，一种意见认为，主要指在汉语环境下对外国人或母语不是汉语的其他人的汉语教学，其中也包括对母语非汉语的少数民族的汉语教学，如在中国对外国人进行的汉语教学或对母语为某种民族语言的少数民族的汉语教学；另一种意见认为，“第二语言是根据习得先后顺序来定义的。因此，对那些汉语为非母语者，无论是在美国还是在中国学习汉语，按照时间顺序，汉语都是他的第二语言，只是学习的环境不同。在中国，汉语是在‘第二语言环境’（second language context）习得的，在美国，汉语是在‘外语环境’（foreign language context）习得的。换句话说，第二语言与习得环境无关”。[①] 由此可见，汉语作为第二语言教学不仅存在其内涵方面的争议，而且还存在把“对中国国内少数民族的汉语教学”包括进去的情况，将其作为国际汉语教学时代的反映国际汉语教学现实的学科名称显然不太恰当。综上所述，“国际汉语教育”“汉语外语教学”“汉语作为外语教学”“汉语作为第二语言教学”等名称均存在明显的不足，相比之下，“国际汉语教学”这一名称既能反映汉语走向世界的现实，又能充分反映学科的内涵，而且不带任何道德说教之嫌，显得比较中性，兼顾了各个方面，作为一个学科名称，应该是最佳选择。当然，也有意见认为，这个学科名称国际接轨程度不高，主要理由是，以英语为例，就没有“国际英语教学”之说。但是中国应该有自己的创新，中国人应该有勇气创造出一个响亮的学科名称“国际汉语教学”，也许“国际汉语教学”这一名称使用后，世界各国会效仿创造出“国际××语教学”等一批学科名称。

---

① 王建勤．汉语国际传播标准的学术竞争力与战略规划［J］．云南师范大学学报，2010（1）。

三、汉语国际传播研究是国际汉语教学学科的两大组成部分之一

(1) 汉语国际推广、汉语国际传播、国际汉语教学的区别与联系

汉语国际推广、汉语国际传播和国际汉语教学是一组既有联系又有区别的概念。三个概念的共同点是，都与汉语走向世界有关。汉语国际推广主要是作为一项事业的名称来使用，反映汉语的母语国中国努力把自己国家的语言汉语推广到世界的主动行为。这一术语一度被官方广泛使用，它能充分反映有关机构要把汉语推向世界的主动性、积极性和美好愿望，但会带来“文化侵略”之嫌的负面效应。本人注意到，此术语在正式重要场合，尤其是国际性重大活动中的正式讲话或报告很少使用。汉语国际传播是一个较为中性的学术术语，它能反映汉语走向世界的时代特征，也能涵盖与其相关研究领域当前和未来相当长一个时期的学科内涵，同时能为学科发展拓展更广阔的学术空间，是学术界公认并广泛使用的一个国际汉语教学分支学科的学术术语。教育部副部长、国家语委主任郝平2009年5月指出，“当前，要优先发展当代社会急需的分支学科，如语言规划学、语言教学、计算机语言学、法律语言学、播音语言学、汉语国际传播等等。”① 汉语国际传播被国家语委主任列入当前应该优先发展的分支学科，说明发展这个分支学科的必要性和紧迫性。国际汉语教学则是反映全球汉语教学与研究的学科名称，在学科目录中至少应该列为二级学科，

① 郝平．大力促进应用语言学发展，为国家的繁荣昌盛做贡献，中国语言文字网：http：//www.china-language.gov.cn/

是汉语国际传播的上位学科，汉语国际传播是其分支学科，也是国际汉语教学最重要的组成部分。

(2) 国际汉语教学与对外汉语教学的关系

国际汉语教学应包括传统的对外汉语教学和汉语国际传播两大部分。之所以把对外汉语教学列为国际汉语教学的两大部分之一，是因为对外汉语教学不论是过去、现在还是未来，都是汉语走向世界的重要途径，只不过开展汉语教学的地域不在国外而在国内，开展汉语教学的语言环境是目的语环境而已。国际汉语教学和传统的对外汉语教学的关系是：对外汉语教学是国际汉语教学的前身和重要组成部分，国际汉语教学是对外汉语教学的继承和发展，它拓宽了对外汉语教学的研究视野，使对外汉语教学的交叉性特征更加明显，研究方法更加多样化。国际汉语教学和对外汉语教学是同一个学科，是一脉相承的，但国际汉语教学具有更强的多学科交叉性。之所以使用“国际汉语教学”这个名称，是因为它更能反映汉语国际传播的现实、当前和未来相当长一个时期的学科内涵，同时能为学科发展拓展更广阔的学术空间，总之，更有利于学科的持续健康发展。

从学科归属的角度说，对外汉语教学和国际汉语教学都应该属于语言学及应用语言学，都是一个以汉语言文字教学为基础、关涉其他许多学科的交叉性学科；对外汉语教学作为国际汉语教学的前身和重要组成部分，经过20多年的努力，已经建立了一套初具规模的理论体系，这些理论体系也是国际汉语教学的重要支撑，但国际汉语教学除传统的对外汉语教学理论体系部分外，汉语国际传播方面的理论体系尚处于草创阶段。也有观点认为，对外汉语教学应该属于教育学科，但笔者认为，该学科的基础、主干课程和教学内容均属于语言学，教育学相关内容仅为其中的很小一部分，所以，还是应该归入语言学及应用语言学。

从理论基础来看，传统的对外汉语教学以语言学、教育学、心理学、文化学等学科理论为基础，但国际汉语教学除以上学科外，由于汉语国际传播还涉及外交、项目管理、国别文化等方方面面，因此其理论基础还应该包括管理学、文化人类学、传播学、外交学、社会学、历史学、地理学、统计学、计算机科学与技术等。

从研究内容来看，国际汉语教学比对外汉语教学更宽、更广。传统的对外汉语教学，主要研究中国的汉语教师对到中国来学习汉语的外国留学生的汉语教学相关的各种问题，主要侧重于“汉语语言学、汉语习得理论、汉语教学理论和研究方法学等基础理论和总体设计、教材编写、课堂教学、测试评估、教学管理和教师培养等应用研究”。①但国际汉语教学则不仅要研究上述问题，还要研究汉语国际传播相关的各种问题，如世界各国的汉语需求，本土化教材研发，国别化汉语教师的培养，国别化教学理论与方法，孔子学院管理机制、办学模式、布局、评估体系及个案，汉语教学志愿者项目和外派汉语教师项目相关的标准、程序、大纲、教材、管理机制、文化适应等问题，国别语言政策与汉语传播、国别文化与汉语传播、国别政治经济与汉语传播、地缘政治与汉语传播、国际关系与汉语传播、汉语国际传播史等研究领域。由此可见，国际汉语教学的研究内容主要包括两部分，一是传统的对外汉语教学的研究内容；二是与汉语国际传播相关的各种问题。

国际汉语教学主要包括中国国内的对外汉语教学和主要研究汉语走向世界相关问题的汉语国际传播两大组成部分，而国别汉语教学是汉语国际传播的一部分。

国际汉语教学学科建设应该主要抓好以下几个方面的工作：一是学科理论建设，二是学科队伍建设，三是学科人才培养。学科理论建设是最为重要的方面，在继续重视汉语教学研究的同时，

① 刘珣．对外汉语教育学引论［M］．北京语言大学出版社，2001：396.

要特别重视汉语国际传播理论体系建设和汉语国际传播实践研究，它是国际汉语教学不可或缺的研究领域，可以说，没有汉语国际传播研究，国际汉语教学学科就不完整。因此，开展汉语国际传播研究是国际汉语教学学科建设的需要。目前发表汉语国际传播研究成果的期刊寥寥无几，我们应该努力创办新的专业期刊，或在更多的学术期刊上开辟汉语国际传播研究专栏，以推动这一领域的研究。此外，学科队伍建设是学科建设的另一重要方面。目前研究对外汉语教学的队伍已初具规模，但研究汉语国际传播方面的学者却屈指可数，因此，有必要吸引更多的业内人士参与到汉语国际传播研究的工作中来，力争在五到十年内形成一支汉语国际传播研究队伍。人才培养对于一个基础薄弱的学科来说十分重要，除继续加大力度培养对外汉语教学硕士、博士研究生和汉语国际教育专业硕士以外，有必要在硕士和博士层次开设汉语国际传播研究课程，以培养高层次汉语国际传播方面的教学、研究和管理人才，确保国际汉语教学学科后继有人，并能持续、健康、稳步发展。

四、汉语国际传播研究的主要领域

实践需要理论指导，目前汉语国际传播研究严重滞后于汉语国际推广实践①。汉语国际传播对于国际汉语教学工作者来说，既是艰巨而光荣的任务，也是难得的机遇。既然时代呼唤理论，我们就有责任、有义务研究汉语国际传播相关的各种问题，让汉语又好又快地走向世界。可以预言，未来很长一个时期内，世界范围的汉语学习需求将持续快速增长并拉动汉语持续快速走向世界。

---

① 吴应辉. 加强研究，指导实践，让汉语又好又快地走向世界——汉语国际传播笔谈前言［J］. 云南师范大学学报，2007（5）。

汉语国际传播实践亟须汉语国际传播研究的支撑，汉语国际传播研究将具有广阔的空间。鉴于汉语国际传播蓬勃发展的形势，笔者认为汉语国际传播研究的主要领域应该包括以下几个方面：

一是汉语国际推广战略研究，包括对中国汉语国际推广的总体战略、国别战略、孔子学院布局战略等方面的研究，同时还应包括各国关于自己国家汉语推广战略的研究。汉语国际推广的总体战略应该成为国家战略的重要组成部分，尤其要配合国家的整体外交战略和国际经贸战略，最好有一定的超前性，因此，汉语国际推广战略研究对汉语国际推广实践具有重要的指导意义。

二是汉语国际传播国别问题研究，包括国别教育体制、国别语言政策、国别文化与汉语国际传播等相关问题以及国别汉语教学需求研究。汉语国际传播的成功程度，主要体现在汉语进入国民教育体系的程度，因此，我们应该加强汉语国际传播与不同国家教育体制相关问题的研究，努力促成汉语教学进入所在国的国民教育体系。汉语国际传播必须与所在国的语言政策和当地文化相协调。我们应该把所在国语言政策和文化研究透彻，才能做到知己知彼，顺利传播。各国汉语需求的调查研究对于制定汉语国际传播战略十分重要，我们应该加强各国汉语教学需求的调查研究，定性与定量相结合，为制定长期战略提供科学依据。

三是汉语国际传播体制、机制与科学发展研究。汉语国际传播是新生事物，其管理体制与这项事业的整体可持续发展密切相关，项目的运行机制也直接关系到具体项目的可持续发展，如孔子学院及孔子课堂的发展问题研究，汉语教学志愿者项目、公派汉语教师项目的管理机制研究等，因此，有必要及时研究体制和运行机制方面面临的新情况和新问题。

四是汉语教学的本土化问题研究。在各国汉语教学中，本土化教材、教师、教学法相关问题的研究制约着日常汉语教学的各个方面。国别语言和文化的不同决定了对汉语教材、教师和教学法的不同要求。随着不同国家汉语需求的增长，本土化汉语教材、教师、相关教学法及教学模式等领域的研究必将成为汉语国际传播研究的重要领域。

五是汉语国际传播与国家软实力建设研究。语言传播对提升国家软实力起到积极的作用，但是，通过什么途径、影响力如何测定等都是十分值得探讨的问题。这一领域的量化研究成果对争取国家对汉语国际传播事业的投入将产生积极作用。

六是汉语国际传播典型个案研究。汉语在世界各国的传播模式各具特色，传播效果有所不同，及时总结不同个案的经验与教训，对其他国家和地区的汉语传播有借鉴意义。

七是汉语国际传播的有关标准研究。标准对一个国家或地区的汉语传播来说十分重要，没有标准，无所适从，要制定标准，就必须科学规范。因此，有必要开展适合不同国家和地区的各种汉语教学相关标准研究，如汉语教师标准、不同阶段的汉语课程标准和汉语能力标准、汉语教学大纲、汉语水平测试等方面的研究。

八是汉语国际传播的项目评估体系研究。项目评估有利于确保项目效益，汉语国际传播项目众多，有必要研发相应的指标体系，用于有关项目的评估，以确保汉语国际传播项目的效益。如孔子学院评估指标体系、志愿者及公派汉语教师的离任考评指标体系等。

九是现代教育技术与汉语国际传播研究。汉语国际传播必须与现代教育技术紧密结合，汉语和中华文化教学的多媒体化已非常普及，中国汉语教学技术产品的本土化、网络汉语教学、广播汉语教学、电视汉语教学等相关课题非常有研究和应用价值，对汉语国际传播将产生巨大的推动作用。

十是汉语国际传播史的研究。据张西平教授的观点，汉语和汉字在域外的传播始于商末周初①，对几千年的汉语国际传播史的研究既具有很好的学术价值，又为我们揭开了一幅汉语走向世界的历史画卷，将激励更多的汉语教学工作者投身到汉语国际传播事业，并增强其自豪感和使命感。

结　语

汉语走向世界既是中国发展的必然结果，也是中国和世界的共同需要。汉语教学已经从中国国内转到世界各地的今天，建立国际汉语教学学科已显得非常迫切。然而，长期以来，由于汉语教学主要在国内开展，人们的研究主要集中在对外汉语教学领域，甚至相当一部分研究属于汉语本体研究，与目前国际汉语教学需求和汉语国际传播形势存在较大差距。在对外汉语教学时代快速转型为国际汉语教学时代的今天，我们的学科需要与时俱进，更多地研究世界各地与汉语教学相关的各种问题，"国际汉语教学"这一名称既能反映汉语走向世界的时代特征，又能涵盖当前和未来相当长一个时期的学科内涵，同时还能为学科发展拓展更广阔的学术空间，且学术界已普遍习惯并广泛使用。我们应该顺应时代的要求，使用"国际汉语教学"这一新的学科名称替代"对外汉语教学"这一传统的学科名称。全面启动国际汉语教学学科建设，加强汉语国际传播研究，推动汉语又好又快地走向世界。

---

① 张西平. 在世界范围内书写中国学术与文化，《世界主要国家语言推广政策概览》，外语教学与研究出版社 2008 年 8 月版。

摘　要

对美国名校汉语教学模式的研究符合国际汉语教学学科发展在理论上和实践上的需要。本书借鉴语言学、心理学、教育学、管理学等多种学科的理论，主要运用质性研究的方法，对美国名校在华汉语教学模式的三个个案进行了全面而系统的研究，主要包括以下两个方面的内容：

第一，提炼精英式强化教学模式。

本书构拟了国际汉语教学模式的理论模型，并根据这一模型，对 ACC、PIB 和 DSIC 这三个美国名校在华项目进行了全面观察和系统研究，并将美国名校在华汉语项目中实践的汉语教学模式提炼为精英式强化教学模式，归纳了精英式强化教学模式的实施条件，从理念、总体设计和实施三个层面系统地分析和比较了精英式强化教学模式的教学体系，从学生管理、教师管理和教学环境管理这三个方面分析了精英式强化教学模式的管理体系，讨论了精英式强化教学模式的成功因素及其局限性，探讨了该模式对国际汉语教学的启示。

研究结论主要包括：（1）精英式强化教学模式可以视为在目的语环境下对“明德模式”的发展；（2）精英式强化教学模式的管理体系合理而有效，对教学模式的顺利实施起着至关重要的作用，应该视为教学模式整体不可或缺的一部分。

第二，考察精英式强化教学模式在课堂教学中的实践情况。

对精英式强化教学模式课堂教学实践情况的考察主要关注两个问题，理念和设计意图是否能够在课堂教学中实现，以及教学模式的设计意图是否可以实现预期的效果。通过转写课堂教学录像，统计分析课堂教学中师生相关的言语行为和非言语行为，本书结合转写文本提供的真实的教学情境，从平均语速、师生的开口率、话语输出量、整句输出率、教师的纠错率、讲解行为以及其他教学指令等七个方面，考察了课堂中关于正常语速、全程纠错、大量输出、整句输出、精讲多练等教学策略的实施情况。分析结果说明，精英式强化教学模式的教学策略在课堂教学中基本能够实现，并且实施效果良好。

本书的研究视角多元动态，研究方法丰富多样，主要以质的研究、后方法语言教学方法观、系统论和动态发展观为指导思想，深入真实的教学实践，收集原始资料，与研究对象深度互动，将国际汉语教学模式视为一个不断发展的动态系统进行研究。本书采取了参与式观察、跟踪体验、问卷调查、访谈、文本资料收集及课堂教学录像转写等方法收集资料，运用了案例分析、数据库统计、宏观综合分析等方法深入分析，对精英式强化教学模式各个要素及其相互之间的关系进行了系统而全面的研究。

研究的创新之处与价值在于，本书对国际汉语教学模式的定义将管理作为重要的组成部分纳入教学模式的系统之内。教学模式的内涵从教学拓宽到了管理，从课堂延伸到了课外，突破了以往教学模式研究在对研究对象认识上的局限，为国际汉语教学法研究提供了一种新的视角。

关键词：美国名校；汉语教学；教学管理；教学模式

ABSTRACT

With rapid increase in the number of learners of Chinese around the world, the Principal Three Dimensions of language teaching (i. e. teacher, teaching material, teaching method) has synchronously become a focal issue in this field. Although Chinese teaching has been in complicated situation, the study of teaching patterns of Chinese should be a crucial factor in consideration of the rapid globalization of Chinese language.

Chinese teaching in the United States is an important part of global cause of Chinese teaching and has developed at a quick tempo. Middlebury's Pattern originated in the U. S. is a successful case to exemplify the achievement not only in America, but also in overseas teaching. To follow that many other well-known universities in the U. S. have set up their own programs for Chinese teaching inside China, and distinguished themselves from others in terms of in-class teaching, teacher's training, administration and so on. It shall constitute valuable reference for Chinese teaching in other nations to conduct analysis of the typical American pattern as well its successful factors in the background of the language's internationalized teaching.

Even though relevant researches have been made into Chinese language's teaching in the U. S. and begun to arouse gathering attention, particularly to famous universities' teaching programs in China with gradual progress in depth and details, an approach of systematic probe is still wanting, and the study of these programs' teaching administration remains at sensible level rather than rational level. A survey into the pragmatic teaching and learning in class needs to be fully conducted. Empirical researches must be deepened with more contextualized case analyses and be fixed in a more systematic framework of theory. There are various disciplinary theories that are resorted to in this paper such as social linguistics, psychological linguistics, pedagogy, management science and the like, to form the analytic foundation for the theoretical study of the American programs in China with the support of case studies and empirical surveys, and by these means, to establish the theoretical structure and analytic angle for the study of international patterns of Chinese teaching.

This research is targeted at three American programs for Chinese teaching in China, namely, PIB, ACC and DSIC. An in-depth study of the Chinese teaching patterns goes along with participating observation, experiential tracking, questionnaire, deep interviewing, texts' collection, verbal transference from video recordings of in-class teaching, case analysis, database statistics, and comparative analysis.

This paper consists of five chapters:

Chapter One, as a lead-in argumentation, defines the fundamental issues in the research and points out the significance of the theme. Moreover, the chapter introduces the general situation of related study in this field, research domains and methods, and prospective value of the thematic study.

Chapter Two starts from an initial discussion of the meaning of international Chinese teaching and pictures the framework of the International Chinese Teaching Patterns. The latter part makes a survey on PIB, ACC and DSIC, exams the three programs' notions on Chinese teaching, overall planning and implementation. By means of analysis and comparison, it is found that these programs resemble a lot with regard to teaching philosophies, procedures, strategies and primary techniques with a mere difference in effective performance. Grounded on the findings gained from the research, an intensified elite's training pattern emerges with an aim to intensify teaching and train elites, which is characterized by intensive learning, listening, speaking, high standards and rigorous requirements.

Chapter Three is themed by "The Only Incompleteness of the Pattern Lying in Teaching Practice". It concludes the conditions for implementing intensive elite's training pattern from the prospects of student's behavior, teacher's work and teaching environment. A study of these programs' mechanisms of teaching management concerns the management of students, teachers and teaching environment. The student's schooling evaluation is made from the angle of quality management with referential theories about teaching evaluation, micro-teaching, knowledge management and classroom management. The study probes into these programs' administrative effects and implementation level, focusing on teacher's pre-post training, collective preparation, class auditing and assessment, teacher's evaluation and teaching environment including language environment, classroom environment and organizational environment. The findings indicate that administrative measures play an essential role in smooth implementation of teaching strategies and should be an active component of the teaching pattern.

Chapter Four points out that practice is the only reliable approach to test the validity of a teaching pattern. The survey on the in-class implementation of this teaching pattern is focused on two major issues: whether the notions and plan can be realized in actual teaching in class, and whether an expected result may come true. By transferring video recordings of in-class teaching into words, the author presents statistical analysis of the teachers' and students' verbal and nonverbal acts, and thus presents the real teaching contexts. Besides, by other seven means, i. e. average speech speed, rate of oral performance of both the teacher and the students, output amount of speaking, rate of whole sentence usage, the teacher's correction rate, the teacher's instructions and other directive orders, the researcher has studied the effects of teaching strategies application, involving the practical situation of normal speed of speaking, whole-process correction, big amount of output practice, whole-sentence language output, intensive instructions and full practice. The research result justifies the possibility and effectiveness of the intensive elite's training pattern's essential accomplishment.

Chapter Five explores the successful factors and limits of intensive elite's training pattern, trying to seek its inspirations for international Chinese teaching.

KEY WORDS: Renowned Ameircan universities; Chinese language teaching; teaching management; teaching patterns

目　　录

第一章　绪　论

第一节　选题的意义

一、选题的缘起

1. 教学模式研究是推动汉语教学快速发展的关键因素

教学模式既是教学理论体系的具体化，又是教学实际经验的系统总结。相对于教学的基本理论而言，它是低层次的，因而具体、简明、易于操作；相对于教学而言，它又是高层次的，因而概括、完整和系统，更具有概括性、完整性和系统性便于教师理解和掌握，有利于提高教学质量（李雁冰，1994）。虽然国内出现过不少对外汉语教学模式，但是真正有影响、得到成功推广的模式并不多。目前国内汉语教学大多采用的是以下三种：讲练—复练模式、讲练—复练—小四门模式和分技能教学模式，以分技能教学模式最为普遍。许多优秀的教师有很多成功的经验，但是大多只停留在经验层面，没有上升到理论的高度。从知识管理的角度来看，这些经验还只是个人的隐性知识，而没能通过社会化、系统化成为可以分享的显性知识，造成了低层次的劳动重复，不利于汉语教学整体向前发展。研究教学模式，及时进行理论总结，能更好地发掘和利用这些宝贵的隐性知识，推动汉语教学快速发展。

2. 新形势下，国际汉语教学急需汉语教学模式研究

在全球汉语学习人数迅速增长的同时，“三教”问题也成为学

界日益关注且亟待解决的重要问题。“三教”问题中，教材解决的是教什么的问题，教法解决的是怎么教的问题，教师则是两者结合的关键。教师要想成为“巧妇”，能够驾驭好教材，控制好课堂，首先必须对语言教学法有所了解，并且能够选择合适的教学方法。然而海外汉语教学情况复杂，即使是接受过系统的学科教育的教师，不缺乏教学法的知识，甚至对最新的教学思想了如指掌，在初到一个完全不一样的教学环境时，面对千头万绪的教学组织工作，也很难保证课堂教学的效果，更不用说新教师了。要在短时间内将新老师培训成为能够迅速在海外胜任汉语课堂教学的教师，一套易于掌握的教学模式非常重要。

3. 美国汉语教学走在世界前列，典型模式亟待研究

美国汉语教学是国际汉语教学的重要组成部分，近年来发展迅速，“明德模式”就是世界汉语教学模式中的一个成功典型个案，同时众多美国高校均借鉴明德模式的成功经验在中国国内创办了自己的汉语项目，在教学模式、师资培训及教材建设方面均有其独到之处，成效斐然。对美国典型汉语教学模式进行解析，分析它们成功的因素，可对其他国家的汉语传播提供一定的参考价值。前人对“明德模式”等美国汉语教学模式虽已有研究，但主要集中在教学程序及理念的研究，而对其他方面的关注不够。比方说，明德模式的教学管理理念及管理体制对于整个模式的有效运转是极其重要的，也是其他汉语国际传播项目可以借鉴的，但这方面的研究还很缺乏。其他如明德模式的师资培养机制、学生评价办法、明德模式的发展历程、美国在华中文项目中的教学模式及其对美国及全球汉语传播的影响等的研究也还比较少。

二、主要研究内容

（一）研究的核心问题

本书旨在通过对美国名校在华汉语教学模式成功个案的研究，

发现汉语作为第二语言教学模式系统的内部规律，为国际汉语教学的教学法理论及实践服务。在这个研究中，核心的问题是：什么是国际汉语教学模式？其内涵和外延分别是什么？在弄清这个问题的基础上，进一步探讨，在教学实践中，教学模式作为一个整体是如何起作用的？如何对教学模式展开研究？对于后者，需要从实践和理论两个方面进行思考，要放在二语教学研究的理论体系中去探索。

（二）研究的思路

本书的研究围绕核心问题——国际汉语教学模式的定义及内涵展开，首先根据文献研究提出理论假设，在此基础上制定研究计划，收集个案资料，对美国名校在华汉语教学模式进行系统的解析和实证研究，提炼出精英式强化教学模式的框架及特点，并在研究实践中验证、修正理论假设，进行理论提升，对国际汉语教学模式研究的理论体系、方法论及具体研究程序、方法做了系统的归纳。

（1）首先，借鉴以往对教学模式及汉语教学模式定义的理论研究，探讨国际汉语教学模式的定义及其构成要素，初步构拟教学模式的框架。

（2）在构拟了初步框架之后，选取三个各有特色的美国名校在华汉语项目作为典型个案，对实践中的国际汉语教学模式进行全面的观察和解析，试图发现在实际的教学实践中，①哪些因素对教学效率有直接的影响，应该作为教学模式的有机组成部分；②哪些因素与教学模式的设计和实施有直接的关系，是与教学模式形成互动的外部因素。

在研究的过程中，具体要解决的问题是：①美国名校在华汉语教学模式的框架、构成要素及其特点为何？②教学环境如何影响美国名校在华汉语教学模式的设计和实施？③美国名校在华汉语教学模式实施的实现条件是什么？④教学管理在美国名校在华汉语项目的汉语教学中起了什么样的作用？⑤美国名校在华汉语教学模式在课堂中的实践情况如何？是否实现了其教学理念和设计意图？⑥美国名校在华汉语教学模式有效教学的关键因素是什么？⑦美国名校在华汉语教学模式在教学设计与实施上是否还存在可改进之处？这种教学模式有何局限性？

（3）在个案研究的过程中，验证和反思本书初步构拟的国际汉语教学模式定义及框架，对定义和框架进行修正和论证，并补充构成教学模式框架的各个要素，充实国际汉语教学模式的内涵，讨论其与教学环境（即实现条件）的关系。

（三）研究的具体内容

本书认为，国际汉语教学模式研究是在方法论的指导下，运用教学模式研究的各种方法，将国际汉语教学模式作为一个不断发展的动态系统，对整体的各个部分及其相互之间的关系进行的研究。国际汉语教学模式研究扎根于教学实践，在方法论上，主要的指导思想应该是质的研究、后方法外语教学思想、系统论和动态发展观。

本书主要分为两个部分，第一部分是对美国名校在华汉语教学模式进行深入而全面的研究，以 PIB、ACC 和 DSIC 这三个有代表性的美国名校在华汉语项目为主要研究对象，通过参与式观察、跟踪体验、收集课堂教学录像及各类文本资料，以案例分析、数据库统计、比较分析等方法，提炼出美国名校在华汉语教学模式的构建框架，并对教学模式构成要素的合理性和必然性进行了系统的理论探讨，对教学模式的课堂实践情况进行了实证分析。最后归纳了美国名校在华汉语教学模式的成功原因与不足之处及其对于国际汉语教学的启示。

具体内容包括：①美国名校在华汉语项目的概况；②美国名校在华汉语教学模式的构成，包括教学理念和总体设计层面，如教学目标、课堂教学策略以及管理理念等；实施层面，包括各个课型的教学程序和教学技巧；③教学模式的实现条件和管理体系，包括学生、教师和教学环境三个方面；④美国名校在华汉语教学模式的课堂实践情况考察；⑤美国名校在华汉语教学模式对国际汉语教学的启示。

三、研究意义

（1）本书系统地分析了美国名校在华汉语教学项目中各个教学相关的因素，并以此为基础提炼出了精英式强化教学模式，深入而系统地解析了精英式强化教学模式的成功因素与局限之处，其成果可为海外汉语教学所借鉴。

（2）本书运用管理学的相关理论论证了这些项目中的管理措施对教学策略的顺利实施起了非常重要的作用，应该作为教学模式的有机组成部分。在此基础上提出了国际汉语教学模式的定义和框架，把管理纳入教学模式中观层面，并做了系统、深入的论证，是学科理论建设方面一次新的尝试。

第二节　相关研究动态

海外汉语教学一直受到学界的关注，其中美国汉语教学界与国内学界的交流恐怕是最多的。美国汉语教学研究虽然始于 20 世纪 20 年代，“但是真正的发展和走向繁荣还是近二十年来的事。……从研究内容来说，过去的研究已经涉及汉语教学的不少领域，但是大部分的研究集中在声调、字词和语法知识的习得上，至于其他方面内容的研究，还是寥若晨星……从研究的深度上来说，目前有些研究基本上还是停留在对教学表象的分析上，只是就某种现象给出某种策略……"① 学界对美国汉语教学的研究最早可以追溯到1965年君方对美国中学汉语教学的介绍。从所搜集文献的年代来看，80年代初中期和2005年以后分别是两个研究高潮。早期的研究大多是综述性的，从各个方面介绍美国汉语教学和汉语研究的概况，对教学模式的关注不多。进入21世纪以后，美国汉语教学的规模迅速扩大，学生人数增长迅猛，中美汉语教学界的交流更加频繁而深入，加之美国名校纷纷到中国开办在华语言项目，教学成就斐然，使得学者们可以近距离地观察美国汉语教学模式，并由此对美国短期强化汉语教学，如教学理念、课堂教学模式、师资培养及教学管理等方面都产生了浓厚的兴趣。

一、美国汉语教学法的综述性研究

美国名校在华汉语教学模式的形成与美国大学汉语教学的发展有着密切的关系。近十年来，由于实用主义的导向，美国大学汉语教学既未抛弃听说法，也不抗拒交际法，没有陷入重结构或重功能的二分法当中，而是兼容并蓄，集各家所长，形成了大学汉语综合教学模式。美国名校在华汉语项目中一般采用的课堂教学模式与美国大学现代汉语的综合教学模式差别不大，不过在教学管理上因教学环境而有所调整。

美国汉语教学法大致经历了传统的语文教学方法与听说法并存、听说法与交际法争锋、任务式教学法和控制式操练法兼容并蓄三个阶段，现在美国汉语教学基本采取的是折中法和综合法。

理查德·T. 汤姆逊（Richard T. Thompson）（1980）在《美国汉语教学综述》② 中对80年代以前美国非普遍教授的语言的教学

---

① 柯传仁，沈禾玲．回顾与展望：美国汉语教学理论研究述评［J］．语言教学与研究，2003（3）：30.

② 理查德·T. 汤姆逊，鲁健骥．美国汉语教学综述［J］．语言教学与研究，1980（4）：56.

法进行了概述，提到了语言学家和说所教语言的教师合作授课的教学法，当时被许多大学积极采用，同时还提到了语言学理论将正字法排除在语言学研究之外以及不重视词汇研究的倾向对汉语教学的消极影响。

黎天睦（Timothy Light）（1980）对当时美国语言教师中流行的一些比较重要的教学法观点进行概述时，从美国当时汉语教材的使用情况出发，指出当时美国的汉语教学主要集中于初级阶段，而汉语初级阶段的教学主要使用的是受结构主义语言学和行为主义心理学影响偏重语言形式的听说法，同时由于社会语言学对话语的社会作用的研究，也出现了情境化教材和课程。①

姚道中（2016）著述的《美国中文教学研究》概述了美国中文教学全貌，重点介绍了美国的 AP 中文项目。尤其值得一提的是，该书是少见的美国中文网络学习相关研究文献。

刘珣（1993）在《美国基础汉语教学评介》中指出，当时美国汉语教学界尚未普遍接受以“熟练运用”作为教学目标，在教学方法上，比较传统的语文教学方法还占优势。

印京华（2005）在《近五年美国汉语教学状况与发展趋势》中指出，美国多数汉语教师对教法问题的看法和究竟应该采用什么教法的态度，都变得较为成熟，更加务实和包容。在遵循外语教学原则的前提下，演绎法、归纳法同用，机械性练习、有意义练习、交际性练习并举，翻译法、直接法、听说法、交际法共存。美国汉语教学中开始实行的是折中法和综合法。

王建琦（2005）的《欧美高校汉语教学情况比照》则认为，美国的汉语教学强调实用性，教法大致可以分为两派，一派是以翻译为主要训练目标的外语教学方法，注重句型的反复练习、进行大量的阅读

---

① 黎天睦．美国的语言教学法——兼谈汉语教学［J］．语言教学与研究，1980（4）：67.

和对译，另一派是交际语言教学法，后者占据了主导地位。交际语言教学法的进一步发展，是近几年渐渐兴盛的体验式教学。

陈东东（2009）的《美国学生中文教学法问卷调查报告》发现美国学生既喜欢语法翻译、听说法中需要机械记忆的传统教学方法，也欣赏交际法、全身反应法中角色扮演、游戏活动等“现代”教学手段。

康煜（2011）在《刍议美国汉语教学法的变迁》中简要地介绍了美国汉语教学法的历史变迁，认为美国汉语教学大致经历了40年代的听说法、60年代的认知法，70年代开始流行交际法，现在这几种教学法中的某些理论，在结合汉语自身特点的基础上，形成了新的教学法体系，其中以“任务教学法”和“控制式操练法”为主要代表类型。①

二、对短期强化汉语教学模式的研究

美国名校在华汉语教学项目基本都属于短期强化项目。对于短期强化汉语教学模式的研究，最早的文章可能是李燕姝1987年对美国加州大学圣克鲁斯分校暑期汉语班的介绍，其后的研究大多集中于“明德模式”②，近年来对美国在华汉语项目的研究也逐渐得到了重视。

（一）关于明德模式的研究

明德模式的相关研究总体数量并不太多，这些文章从背景、教学方法、教学理念、课程设置、教学测评、教师素质、教学环境、管理方法等多个方面对明德模式进行了介绍，但因限于篇幅，对各个方面的特点虽有归纳，但对背后的理据探讨得并不深入，

① 康煜．刍议美国汉语教学法的变迁［J］．青年作家（中外文艺版），2011（5）：47.

② 明德模式是学者们根据美国明德学院中文暑校的教学方法和管理方法总结出来的短期强化教学模式。

也未对各个因素之间的内在联系进行系统的分析。

对美国明德学院的中文教学模式从总体上进行介绍的有盛炎（1987）、施仲谋（1994）、张和生（1997）、张喜荣、田德新（2004）等。在对明德模式的介绍中，明德模式的课程设置、教学程序被视为重点，严格的教学管理也被认为是明德模式的特点，或多或少均有提及。不过这些文章目的在于全面介绍明德模式，偏重于定性的描述，感性认识居多，理论分析较少。

不少学者论述了明德模式对国内的对外汉语教学的启示和借鉴意义，如王学松（2001）谈到短期强化模式为国内长期班汉语教学提供的启示。曹贤文（2007）比较了明德模式与中国大陆高校基础汉语教学常规模式，并讨论了汉语教学的精英模式与大众模式的差异和互补。娄开阳（2009）探讨了美国明德汉语教学模式给国内长期班教学带来的启示。

在美国的学者同样重视明德模式，如汝淑媛（2006）评介了美国明德中文暑校的教学理念特点和教学策略。张美青（2004）介绍了明德短期中文强化模式的教学目标、教学内容、课堂组织等在美国高校日常中文教学当中的应用，说明了短期强化模式与初级阶段的中文日常教学之间的关系，并从运作模式的角度讨论了短期中文强化教学与美国日常循序教学的衔接。

针对明德模式的课堂操练方式进行的理论探讨，较为深入的是娄开阳、吕妍醒（2011）对明德模式课堂操练方法的类型及其理据的分析。

与教学模式理论结合最为紧密的是汲传波（2006）的文章，由美国明德学院的汉语教学模式出发进一步探讨了对外汉语教学模式的构建，不过文章重在阐述教学模式的构建理念，而非对明德模式的系统分析。

王学松（2007）对明德模式的研究进行了述评，并指出对明德模式的不足之处研究太少。

总而言之，对于明德模式的研究比较全面，然而总体而言，以定性研究居多，理论性和系统性略显不足，尤其在对教学管理的分析上，理论高度和系统性都较为欠缺，研究方法较为单一，借助定量研究方法的实证研究较少，少有从教学模式的整体出发对明德模式进行系统的、质的研究。

（二）对美国在华汉语项目的研究

近年来对美国在华中文项目的研究逐渐增多，特点是注重理论探讨，倾向于对某一课型或教学技巧的深入研究，而从整体出发，对教学模式的框架、构成要素以及各要素之间关系的探讨很少见。相关研究中很少关注教学模式中的管理体系，尚未发现对管理因素系统性的理论探讨。目前也尚未见到对教学模式的实施条件进行探讨，以及从教学模式特点出发对课堂实践情况进行研究的文章。

1. 对课程设置及教学流程的研究

朱志平（1996）从目的语环境的角度介绍了“普北班”的强化教学模式。梁新欣（2004）从师生互动的角度探讨了在华中文项目单班课的教学。牟岭（2007）提出美国在华暑期班的模式，基本是根据美国大学学期来设计的，并总结了以普北班（PIB）为代表的在华暑期班的模式要素。高晨（2009）介绍了哥伦比亚大学暑期汉语项目（CIB）的总体情况，并总结出了 CIB 课堂教学模式流程。娄开阳、杨太康（2010，2011）讨论了明德汉语教学模式的移植问题，并从课程设置的角度介绍了美国在华短期汉语项目（PIB、CIB 和 HBA）对明德汉语教学模式的改进。朱永平（2012）探讨了赵元任汉语教学理念与普林斯顿模式的形成，并对普林斯顿模式的理据进行了分析。

2. 对教学技巧的研究

刘乐宁（2004）就语法点的导入与巩固进行了理论探讨和实

践应用。靳洪刚（2004，2006）深入分析了美国大学联合项目（ACC）教学当中所应用的主题式导入法、语言定式教学法、分组活动的互动性与教学形式，以及教师提问的原则和技巧。李坤珊（2007）以个案研究的方式探讨了评估支架式教学于在华学习项目中一对一谈话课型的应用和效果。朱永平（2004）介绍了控制式操练法在不同年级汉语教学中的运用。梁新欣（2006）和姚瑶（2011）的研究中对短期强化模式中应用得比较广泛的“主题式教学”进行了理论分析和应用研究。

3. 对课堂教学的实证研究

亓华、李雯（2007）对普北班高年级课堂中的话语互动进行了深入研究。

4. 对管理因素的研究

牧之筠（2007）对 ACC、PIB 和杜克大学在华项目（DSIC）连续进行了 2 年的问卷调查，对语言誓约的接受度和执行情况进行了研究。

5. 明德模式与美国中文项目教学模式的对比研究

卫斓（2008）对美国在华汉语项目的教师进行了教学效果的调查，并认为美国中文项目大部分采用明德模式，不同的是在华项目可以充分利用自己在中国的这个大环境，为学生创造练习中文和接触中国的机会，主要体现在课外语言实践活动的安排，同时教师来源不同也导致了教师培训内容的不同。文中关于对比的论述比较简略，并未进行翔实的阐述和分析。

上述研究为本书的研究提供了非常丰富的材料和多样化的视角，但相关研究数量仍然较少，研究内容虽广，但系统性不足，与明德模式的联系与区别还停留在浅层对比，还有待进一步深化。

三、小结

综上所述，美国汉语教学的相关研究中，对于美国名校在华汉语教学模式的研究已经开始受到重视，相关研究也逐渐深入、细致，但仍然缺乏系统性的理论探讨，特别是教学管理方面，虽有感性认识的总结，却无理论层面的分析。对于教学模式的课堂实践情况还需要更为全面和深入的实证研究，需要更为情景化的个案分析来充实，需要放在更系统的理论框架中来分析。

在以上研究中，还有一些问题仍模糊不清，尚待解答。

美国名校在华汉语项目之间在课程设置上基本一致，那么在教学理念、教学技巧与管理模式等方面有何异同？美国在华暑期项目是否也可归为“明德模式”？这些在华项目在哪些方面与明德模式一致，又在哪些方面有所创新？

教学管理在这些教学模式之中究竟起着怎样的作用？

美国名校在华汉语教学模式是如何形成的？具体的框架如何？有哪些显著的特点？它们反映了教师什么样的语言观和语言学习观？其成功因素和局限性对国际汉语教学有何启示？

要回答这些问题并不容易，因此本书试图运用语言学、应用语言学、心理学、教育学和管理学等多种学科的理论，对美国名校在华汉语教学模式进行深入的理论分析和思考，进行个案研究和实证考察，思考国际汉语教学模式的定义及框架，为国际汉语教学模式的研究提供系统的理论框架和分析工具。

第三节　研究的创新点、研究范围、对象、资料来源及研究方法

一、创新点

（1）本书提出的国际汉语教学模式理论模型，把管理作为重要的组成部分纳入教学模式的系统中，课程设置从课堂教学延伸到课外活动，使教学模式的定义更加完整，拓宽了教学模式的内

涵，为国际汉语教学法研究提供了一个新的研究视角。

（2）本书从教学模式的实施层面与理念及总体设计之间的关系出发，通过教学录像文本转写、数据库分析等方法，对精英式强化教学模式的课堂教学实践情况进行了实证研究；本书把实施条件纳入教学模式的研究范围，将课堂管理、人力资源管理及知识管理等理论运用于对国际汉语教学模式的研究之中，研究的角度和方法比较新颖。

二、研究范围、研究对象和资料来源

（一）研究范围

本书的研究范围包括三个部分：

（1）国际汉语教学模式的定义和框架；

（2）美国名校在华汉语项目 PIB、ACC 和 DSIC 的汉语教学模式解析，分为教学和管理两个角度；

（3）对精英式强化教学模式课堂实践情况的考察。

（二）研究对象和资料来源

本书的主要研究对象是美国名校在华汉语教学模式，包括模式的各个因素，另一个研究对象是语言教学模式本身，包括定义、研究理论与方法。

资料来源主要通过本人在美国杜克大学及美国在华项目 PIB、DSIC 的工作机会和 ACC 项目的教师培训以及美国汉语教学专家在北京各高校的学术讲座获得，文献主要来自中国知网（CNKI 网）可搜索到的文献、《国际汉语教育》（曾名《国际汉语教学动态研究》）季刊，美国的文献则通过美国的同行购买或复印美国中文教师协会会刊等渠道获取。

三、研究方法

本书赞同后现代主义的一些主张，认为没有一种最好的或相对最好的理解或诠释各种“资料文本”（社会事实）的方法，也没有一种对“资料文本”的绝对正确的理解或诠释。因此在方法论上，试图避免简单地用某个一般理论来统摄所有具体现实的非适当性，而是努力为同一事实提供多种解读的路径。具体而言，本书的研究将主要是一种质的研究，研究的方式将以个案研究为主，结合数据库统计分析法，辅以问卷调查、访谈和文献法。

（1）个案研究：对美国名校在华汉语教学模式的分析将主要采取个案研究的方式，以案例分析法作为主要的研究方法，提供课堂教学与管理的真实案例，并从不同的角度对课堂教学行为和管理行为进行解读，讨论这些行为所反映的语言观、语言学习观、课堂管理理念等，以及这些选择是否符合语言学、教育学、心理学、管理学等学科原理和规律。

（2）数据库统计分析法：对美国名校在华汉语教学模式的课堂教学实践情况的分析，将主要通过转写教学录像，建立数据库进行文本标注、统计分析的方法。

（3）问卷调查法和访谈法：本研究主要采取这两种方式收集教师或学习者的反映，作为个案研究的补充资料，比如用于确定某些教学模式的应用范围、选择某些教学行为的原因，以及教师培训方式的效果等。

（4）文献法：通过对相关文献的分析与归纳，梳理美国名校在华汉语教学模式研究和汉语教学模式研究的相关研究动态，以及研究中可能要借鉴的相关理论的文献。

第二章 美国名校在华汉语项目的汉语教学比较研究

本章首先对国际汉语教学模式的定义进行了初步探讨，并构拟了国际汉语教学模式的框架。在此基础上，本章对ACC、PIB和DSIC三个美国名校在华项目的汉语教学模式进行了考察，主要从汉语教学的角度对三个项目的理念、总体设计和实施层面进行了比较研究。通过分析，本书发现这三个美国名校在华项目所实施的汉语教学模式在教学理念、教学程序、教学策略、主要的教学技巧等方面都非常相似，区别只在于教学实施层面的具体选择不同。本书在此基础上将美国名校在华项目中实践的汉语教学模式提炼为以强化为手段、以培养精英为目标的精英式强化教学模式，对该教学模式最为显著的特点进行了归纳。

第一节 国际汉语教学模式的定义探讨

多年来，汉语教学研究主要集中在宏观层面的教学法理论研究，或者侧重微观层面的教学技巧研究。教学法理论研究多为对国外教学理念的引介及其在教学实践中的应用研究。教学技巧的研究已有很多成果，反映了教师们在教学实践中的宝贵经验，是智慧的结晶。这两个层面的研究当然都与教学实践有着密切的关系，但我们更应该看到，中观层面的教学模式是教学理论与实践的桥梁，是理论性与操作性并重的科学系统，对于教学实践更具直接的指导作用。教学法一般是普适性的，理论性较高，而教学模式则更偏重应用，一般来说适用范围更小，适用的对象更具体，对教师的要求也更加具体。

宏观层面的教学法理论研究汉语教学研究中观层面的教学模式研究：

教学理论与实践的桥梁，是理论性与操作性并重的科学系统，对于教学实践更具直接的指导作用。

汉语作为第二语言的教学理论研究起步较晚，而教学模式研究受到的重视程度也并不太高。关于汉语作为第二语言的教学模式的内涵，学界的研究还不够充分，因此无论是定义还是框架都较为笼统和模糊。在“汉语走出去”的国际汉语教学时代，汉语教学面临着更加复杂的海外教学环境的挑战，教学模式的研究显得更为重要。然而开展教学模式的研究，首先要对研究对象有一个基本的了解。因此本章将对教学模式的定义和框架进行探讨，并构拟国际汉语教学模式的初步模型，作为教学实践中国际汉语教学模式个案研究的框架，并在研究中从实践的角度对框架进行验证和修正。

一、教学模式的国内外定义

任何一个学科的理论研究都有其自身的挑战，其中一个是关于术语的混乱。对于教学模式的定义，国内外研究者们的看法并不一致。在国外较有影响的教学模式定义就是美国教学研究者乔伊斯和韦尔的定义。他们在其专著《教学模式》（*Models of Teaching*）中给出的定义是：“教学模式是构成课程（长时的学习课程）、选择教材、指导在教室和其他环境中教学活动的一种计划或范型。”①

从这个定义来看，教学模式不是某一堂课的教学程序，而是

① 乔伊斯等．教学模式［M］．北京：中国轻工业出版社，2002：78.

可以长期实行的一种教学计划，或者制定教学计划的模型。教学模式不仅对课堂教学有指导作用，其他环境中的教学活动也应该涵盖在教学模式的指导范围之内。教学模式的构成要素起码包括课程设置、教材选择和教学活动。这是从教学活动实施的程序角度给出的定义。

国内教育学界将教学模式理解为开展教学活动的一整套方法论体系，是在一定教学思想或教学理论指导下建立起来的、较为稳定的教学活动框架和活动程序。① 这种理解已经把教学模式明显地分为了 2 个层面，即理念层面和实践层面。教学思想和理论归入了教学模式的构成要素，也就是我们常说的教学理念。“教学活动框架和活动程序”的概念和内涵较为宽泛，涵盖了课程规划、课程设置、教材选择、课堂教学等各种具体的教学实践活动。这个定义理论性强，但较为抽象，指导研究还需要更为明确的内涵指向。

以往对教学模式的定义多侧重于教学方面，而教学模式的理念和设计要贯彻到教学实践中，必须有一系列相应的管理策略相配合，管理策略体系在教学模式中起着非常重要、不可忽视的作用。吴应辉（2010）提出的定义是将管理策略体系包括在内，扩大了教学模式的内涵：“教学模式是系统化、理论化、程序化的教学组织及管理策略体系，具有概括性、系统性、相对稳定性、可操作性、独特性等五个特点，主要包括理念、目的、任务、原则、程序、评估等要素。”② 在这一定义中，管理的因素主要体现在“评估”上。在二语教学实践中的教、学、管三个方面，评估都是其中非常重要的一个组成部分。这一定义是从教学项目的设计和实施过程的角度出发的，应用性更强，更具可操作性。

---

① 黄普全，王本陆．现代教学论学程［M］．北京：教育科学出版社，1998：96.

② 吴应辉：国际汉语教学法专题研究讲义，2010 年，未出版。

从以上定义可以看出，教学模式可以是一种范式，即较为固定的教学活动框架和程序，至少涉及课程设置、教学方法和教材这几个方面，其目的是有效地开展教学活动。而在教学实践中，教师对教学管理的重要性都有深切体会。有效的教学离不开教学管理的配合。为了确保教学设计能够落实到教学实践中，教学管理体系（包括课堂教学管理、师资管理、学生管理和其他教学安排管理）同样应该作为教学模式的一个有机组成部分。

本书对教学模式的理解则倾向于三者的结合。教学模式是开展教学活动的一整套方法论体系，而不仅仅是一种计划或范型。它既包括理论层面，又包括实施层面，既包括教学活动的框架和程序，也包括构成课程、选择教材等课程设计因素，还包括为确保教学活动顺利进行而采取的管理体系。

二、对外汉语教学模式的定义

“所谓对外汉语教学的教学模式，就是从汉语独特的语言特点和语言运用特点出发，结合第二语言教学的一般性理论和对外汉语教学理论，在汉语教学中形成或提出的教学（学习）范式。这种教学（学习）范式以一定的对外汉语教学或学习理论为依托，围绕特定教学目标，提出课程教学的具体程式，并对教学组织和实施提出设计方案。它既是一种形而上理论的反射体，又具体落实到教学中的一招一式，是细化到课堂教学每个具体环节、具有清晰的可操作性的教学范式。”①

这种“教学模式”主要指课程的设置方式和教学的基本方法，认为一个完整的教学模式应该包括理论基础、教学目标、操作程序、实现条件和评价这五个基本要素。如现在国内通行的基础汉

① 李泉主编．对外汉语课程、大纲与教学模式研究［M］．北京：商务印书馆，2006：295.

语教学模式可以称为“分技能教学模式”，这种教学模式根据技能项目设置课程，教材采用结构-功能法安排，课堂教学采取交际法和听说法结合的方式。[①] 这个定义强调汉语作为第二语言的教学模式应从汉语独特的语言特点和语言运用特点出发进行构建，其教学理念、程序和策略应体现汉语的独特性。这一点对国际汉语教学模式研究很具启发性。汉语教学作为语言教学，不但要遵循语言教学的普遍规律，更要尊重汉语本身的特点。更具指导意义的是，明确地将实现条件列入教学模式的系统之中，充分体现了教学模式的应用性和可操作性。李泉（2010）将实现条件定义为手段和策略，指促使教学模式发挥效力的各种条件，如教师、学生、教学内容、手段、时间、空间等的最优化方案，[②] 组织并实现这种最优化方案的手段和过程可以理解为教学管理。

三、国际汉语教学模式的模型构拟

国内的对外汉语教学环境较为单纯，而海外汉语教学环境比较复杂，教学模式的设计和实施应充分考虑教学对象和教学环境的特殊性，而教学管理则是教学理念和设计意图能够贯彻到实际教学当中的保障。综合上文对教学模式以及汉语作为第二语言的教学模式定义的阐释，本书拟对国际汉语教学模式进行如下定义：

国际汉语教学模式是一个从汉语的特点出发，结合教学对象和教学环境的具体情况，指导汉语教学实践的教学和管理理念与策略体系，具有稳定性、灵活性、系统性、可操作性的特点（如图 2-1 所示）。

国际汉语教学模式的构成要素大致分为：

（1）宏观层面：理念、设计和实施。

---

① 李泉：前引书，331。

② 李泉主编．对外汉语课程、大纲与教学模式研究［M］．北京：商务印书馆，2006：293.

（2）中观层面：教学和管理。

（3）微观层面：操作层面的策略、程序、技巧和措施。

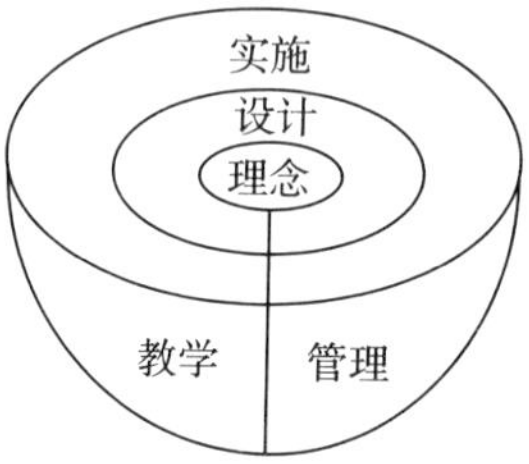

图 2-1　国际汉语教学模式框架初步模型图

注：图中的“设计”层面在文中写为“总体设计”，以区别设计层面中的“课程设计”和实施层面中的“课堂教学设计”。

四、小结

本章通过对国内外教学模式的定义，以及汉语作为第二语言的教学模式定义及构成要素的阐释，结合笔者对语言教学中管理因素重要性的认识，构拟了国际汉语教学模式的初步模型。这一模型将作为对三个美国名校在华汉语教学项目中的教学模式实践进行分析的框架，而且模型也将在三个个案研究过程中进行验证、细化和修正。

第二节　美国名校在华汉语项目概述

美国大学在华知名的中文项目很多，如 PIB、HAB、ACC、IUP、DSIC、CIB、MIB、CIEE、CET 等。有学者认为这些中文项目无一例外地采用了跟明德中文模式如出一辙的全浸式外语教学法，而且在师资和学术等方面都跟明德暑校有着一定的联系。这些项目经过长期的实践，在教学模式上都有自己的特色。比如：

PIB 以严著称；ACC 在教学中注入了任务的因素，并提倡将语义协商纳入教学内容；CIB 的练习方式丰富多样，不拘一格，MIB 的扩展练习、三段式领读和联想控制式练习法等。目前，关于美国名校在华项目的研究量还不太多，研究的视角一般从局部出发，对汉语教学的某一个方面做较为深入的个案研究，所借鉴的理论和研究方法较为单一，尚未从教学模式系统的整体出发，对各个因素之间的关系和相互的作用及影响做系统的研究。

通过初步的了解和观察，美国在华知名中文项目的汉语教学模式大致有三类：（1）较为传统的一类，长期由明德中文暑校的资深教学专家主管，变化并不大，如 PIB、HAB 等；（2）吸取新的教学理念而发展出自身独特个性的一类，如 ACC 吸收任务教学理念和二语习得、话语分析的研究成果对教学模式进行的创新；（3）对明德模式有所继承亦有所发展的一类，这一类数量较多，各自发展出的特点也不一样，不过大多是在教学技巧上的取舍，如 CIB、MIB、DSIC、CET、CIEE 等。

本书选取了 PIB、ACC 和 DSIC 作为深入研究的对象，一是因为这三个项目的教学模式分别代表了以上三类中的一类，二是因为笔者有幸借教学之便对 PIB 和 DSIC 进行了参与式观察，并得到允许对 ACC 进行了旁观式观察，[①] 不仅收集到了用于研究的资料，而且研究的视角因此较为多样。三是因为美国大学非常重视对学生隐私以及教师知识产权的保护，因此很多项目的资料较难收集。

一、ACC 项目简介

（一）ACC 项目的建立

ACC 是 Associated College in China 的缩写，汉语译为“美国各

① 注：笔者曾全程参与了 2010 年 PIB 暑期项目，2006 年起连续三年参加 DSIC 的暑期和春季项目，2012 年暑期参加了 ACC 的师资培训，并获准对 ACC2013 年的春季项目进行了观察和资料收集。

大学联合汉语中心”，是全年性汉语学习中心，始建于1996年，由美国五所文理大学（Hamilton College，Kenyon College，Lawrence University，Oberlin College，and Williams College）联合主办，现在的中方合作院校是中央民族大学国际教育学院。ACC的创始人是靳洪刚教授，曾任美国汉明顿大学东亚语言文学系中文专业教授，2014年出任澳门大学人文学院院长。靳教授作为语言专家，其学术背景对ACC项目影响颇深，尤其是在课程设计和师资培训方面。

（二）ACC的学生来源

ACC每年分三季在全美招收35～40名学过一年到两年以上大学中文的学生到北京来学习六个月到一年的中文。多数学生来自美国名列前茅的二十几所文理大学或综合大学。学生大多为大三或大四的学生。

（三）ACC项目的运作

ACC项目每年以美国各大学联合汉语中心的名义面向全美招生，在中央民族大学进行教学。夏季学期从六月开始，八月结束，为期9周（含1周教师培训），秋季学期从九月开始，为期13周，春季学期从一月下旬开始，为期14周。学生完成一个学期的中文学习，通过期末考试，可获得美国大学相当于一年汉语课程的学分。

ACC是中美联合办学的语言项目，但独立性很强，中方合作院校只提供项目运行所需的场所，不介入ACC的教学安排和项目管理，专职教师不参与ACC的教学，文化体验活动也由ACC组织安排。ACC项目有长期专职的教师，并定期选派优秀教师到美国Hamilton学院任教，教学风格大多也与出身明德的教师相仿。春、秋季的长期项目一般由专职教师负责教学，暑期项目需要的教师比较多，也聘任北京当地的教师，来源较广。ACC项目的中方合作院校鼓励其学院的国际教育硕士到ACC的暑期项目实习，是ACC暑期项目教师的一个固定来源。暑期项目作为实习期，表现良好的教师可以进入 ACC 项目成为专职教师。

二、PIB 项目简介

明德中文暑校与普林斯顿大学的中文教学模式系出同源，有着密切的联系。1956 年赵元任先生在哈佛大学中文特训班的学生牟复礼被聘为普林斯顿大学的教授，创建东亚系，并将赵元任先生在哈佛大学的汉语教学模式全套引入，形成普大模式。普大教授陈大端教授任明德中文暑校校长时，又将普大模式引入明德中文暑校。之后，周质平教授继任明德中文暑校校长，在任期间对普大模式进行了补充和发展，卸任后来到北京创建了普北班[①]。PIB 现在采用的教学模式就是在目的语环境下对普大模式加以调整、发展而形成的。

（一）PIB 项目的建立

PIB（Princeton in Beijing）是普林斯顿大学在华汉语项目的英文缩写，汉语简称“普北班”，由美国普林斯顿大学（Princeton University）与北京师范大学联合创办于 1993 年，属于美方主导型语言项目。PIB 的创始人是周质平教授，普林斯顿大学中国语言学研究中心（Princeton Project on Chinese Linguistic Research）主任，曾任美国明德中文暑校的第三任校长（至 1992 年）。

（二）PIB 的学生来源

PIB 每年夏季在全世界招收 100 名左右至少学过一年以上中文的学生到北京来学习汉语，其中来自普林斯顿大学的本科学生占很大的比例，另外来自布朗大学、耶鲁大学等美国知名大学和一些比较有名的文理学院的本科学生也占了一定的比例，也有少部分学生是研究生或者已经毕业工作又重新开始学汉语的。

---

① 朱永平（美）．继承与发展：赵元任汉语教学模式理念与普林斯顿模式——对外汉语教学之普林斯顿模式探讨之三［J］．国际汉语教育，外语教学与研究出版社，2012（1）：120.

（三）PIB项目的运作

PIB项目每年由美国普林斯顿大学面向全球招生，六月至八月在北京师范大学进行教学，为时九个星期（含1周教师培训）。学生完成8周的中文学习，通过期末考试，可获得美国普林斯顿大学相当于一年汉语课程的学分，学分也被其他美国大学认可。

PIB项目是一个由美方主导的合作项目，拥有独立的财务权、人事任免权。师资一部分是普林斯顿大学中文系的教师，另一部分为PIB项目在北京临时聘任的教师。外聘教师中绝大部分是来自中国各个大学对外汉语或国际汉语教育专业的硕士生。

三、DSIC项目简介

杜克大学也是美国名校在中国开设了长期汉语学习项目的大学之一。笔者曾连续三年从事该项目的教学工作，并到杜克大学接受了一学期的培训，深感该项目的教学和管理都有其特色。DSIC汉语教学模式的教学效果已受到实践证明是有效的。近年来一直从事该项目教学的黄启庆老师也曾撰文，认为该项目"无论是春季项目，还是夏季项目，学生的学习效率既高且好。……我们深感此种模式大有初步介绍、深入探索和尽力推广的必要。"①

DSIC的教学模式与明德模式、PIB模式有很深的渊源，项目的三位主要负责人李坤珊老师、牧芝筠老师和朱小苗老师都曾经在明德中文暑校任教，非常熟悉明德模式，牧芝筠老师还曾经在普林斯顿大学中文系执教。2011年担任DSIC暑期项目主任的梁霞老师，也是曾在明德中文暑校和PIB项目中多年执教的资深老师。这说明DSIC的教学模式在基本的教学理念上与明德模式和PIB模式大致相同。然而DSIC项目的教学地点在中国，其教学模式自然

---

① 黄启庆．杜克项目教学模式的探索与应用［C］．第二届全国教育教材语言专题学术研讨会本书集，2008：78.

与明德模式有所不同，在多年的教学实践中也渐渐有别于 PIB 模式，长期项目的设置也有自己的特色。

（一）DSIC 项目的建立

DSIC 是杜克大学在华项目的简称（Duke Study In China Program），原本是由杜克大学、华盛顿大学和维思大学共同招生、共同管理的一个美国大学生在华学习项目，2010 年后改为杜克大学单独运作。该项目已有 20 多年的历史，既有短期的暑期项目，也有长期的春（秋）季项目。

（二）DSIC 的学生来源

DSIC 每年分两季在全美招收大约 90 名学生到中国来学习汉语，夏季 8 周在北京，春季（后改为秋季）在昆明，学生主要来自杜克大学、华盛顿（圣路易斯）大学、维斯大学，也有部分学生来自耶鲁大学、布朗大学以及其他一些汉语教学质量有保障的文理学院或综合性大学。

（三）DSIC 项目的运作

暑期项目一般从 6 月中旬到八月初，为期 8 周，每年招生人数 80 人左右，中方合作院校为首都师范大学，2010 年迁到对外经贸大学。2006 年起与云南师范大学合作开设春季项目，人数为 12 人，为期 14 周。后来改为秋季项目，主要是为了与杜克大学的学制相衔接，因为秋季学期留学是杜克大学学生的传统。

暑期项目由 DSIC 项目自行运作，财务独立运作，独立聘请教师。暑期项目的教师一部分由 DSIC 项目从美国直接聘请，大多数也是在各个美国名校中文系、在华项目或者美国明德暑校中任教的资深教师，另一部分是在北京招聘的临时教师，也以在读的研究生居多。长期项目则主要聘请中方院校的教师，薪酬也由中方院校支付，可建议但无独立的人事任免权。

四、小结

本节说明了选取 ACC、PIB 和 DSIC 三个项目作为美国名校在华汉语项目研究个案的原因，并介绍了这三个项目的概况，包括项目的建立、主要生源和运作，以及项目所实施的教学模式的基本情况。

这三个项目存在很多相似之处：

（一）运作模式相似

除了 DSIC 的长期汉语项目以外，这三个项目都采取了美方主导的合作形式。独立招生，收取与美国大学中文专业相同的学费，可以授予美国大学承认的汉语专业学分。项目主任的权力较大，项目拥有独立的财务权和人事任免权，在项目资金运作和教师聘任方面自由度很大。

（二）生源相似

学生中绝大部分都是美国本科大学生，其中大部分来自各个美国名校的中文系。这些学生的显著特点是学习动机强，学习自觉性高，乐于表现自我，思维活跃，而且很多都已经适应了美国名校中文系汉语教学的方式和要求。学生大部分自己缴纳学费，有少部分有奖学金。高昂的学费和被计入毕业成绩的学分是大部分学生能够在高强度的学习中保持学习动机的外因之一。

（三）教学环境相似

三个项目中，除了 DSIC 的长期汉语项目开设在昆明以外，其他的都设在了北京，而且都在中国高校的校园内。总的来说，三个项目都选择了通用语为汉语普通话的语言环境作为教学环境。这样的教学环境有利于开展全浸式的第二语言教学，事实上这也是美国名校在华汉语项目选择在中国高校作为办学地点的目的。

（四）师资构成相似

三个项目的教师基本都由两种类型的教师构成，一种是曾在各个美国名校中文系或者美国明德暑校中任教的资深教师，很多也经常参与美国名校在华汉语项目的教学工作；另一种是教学经验少的北京高校在读研究生。

第一种教师熟谙美国名校的汉语教学程序和技巧，这种教学方法与明德中文暑校的短期强化教学模式较为相似，教学风格较为统一。第二种教师还未形成自己的教学风格，比较容易通过培训形成统一的符合项目要求的教学风格。

（五）关于教学模式相似的假设

从外部因素来看，相似的教学对象、语言教学环境是这些项目做出相同的教学决策的基础，相似项目运作方式以及师资构成是实施同一教学模式的条件。

从所聘教师的来源来看，这些项目在教学中是要求统一教学模式的。同一种类型的资深教师可以在不同的美国名校在华汉语教学项目中任教，并且是受到欢迎的师资，由此可见，美国名校在华汉语教学模式差别应该不会太大。笔者在几个项目中的亲身体验也与这个推断相符。

ACC项目的师资来源较为稳定，资深教师大多为项目自己培养的，形成了ACC自己的教学风格。不过其创始人和最为资深的教师也算出身“明德”。ACC项目的教学模式有其自身的特点，但也保留了一部分“明德”的传统特色。

那么美国名校在华汉语项目中的汉语教学模式具体由哪些因素构成，主要特点是什么？本书将在接下来的三章中进行较为详细的分析，并将在论述的过程中验证和修正在第一节中提出的国际汉语教学模式的理论框架。研究的思路是从实践到理论，即从美国名校在华汉语项目的总体教学设计和教学实施层面的分析中，归纳其教学模式的理念、主要教学策略，提炼出美国名校在华汉语教学模式的构成框架和主要特点。本章中只对教学模式的教学部分进行阐述，关于管理部分将在第三章中单独进行分析。

第三节　美国名校在华汉语教学模式的总体设计

本节将阐述美国名校在华汉语教学模式的总体设计。教学模式的总体设计层面是教学模式的设计者依据教学理念、根据具体的教学对象和教学环境所设定的课程规划、教学内容、课程设置、教学要求（各个课型的教学目标）和教学方法等。

设计层面的教学内容并不指具体的教材，而是确定语言的哪一方面内容是需要教学的；也不仅仅指课堂教学中进行教学的内容，而是整个学习过程所涉及的内容。例如，PIB 的课堂教学中主要是口语交际训练，但是 PIB 模式所设定的教学内容却是包括听、说、读、写四种技能，并体现在课程设计和课程计划当中。语言要素、文化内容等也都是需要确定的教学内容，比方说以书面语为重还是以口语为重，文化以传统文化为主还是以现当代的社会生活为主。具体的教材采用哪种形式、有哪些内容则是根据设计层面所确定的教学内容来决定的。

一、ACC 项目的教学总体设计

（一）课程规划

暑期项目一共 8 周。一周的教学安排大致为：

每天课堂教学时间为 4 学时。每天课堂教学类型一致，学习一篇课文，一个星期学习四篇课文。每周五进行周考，中午安排中文桌子，下午进行语言实践。每周写一篇作文，然后用修改后的作文做一次口头报告。周末安排文化体验活动。

四周进行一次大考试，即期中或期末考试。每个学期写一篇学期报告。

春季和秋季的学期课程规划基本不变，作文和口头报告改为每 2 周进行一次。周末的文化体验活动次数也减半。

（二）课程设置

1. 课程设置概况

ACC 的暑期项目以语言课程为主，学生修完以后得到中级或者高级现代汉语的成绩。ACC 的春季和秋季学期学生会拿到四项成绩，除了正常的两个语言学期的成绩（在中国的一个学期相当于美国的两个学期）以外，还开设了媒体课（包括电影课和报刊课），讲授学习媒体上使用的汉语。四年级还开设古代汉语课程。独立报告也是一门课程，学生选择一个文化专题进行专门研究，在教师的指导下，通过访谈、阅读收集资料，撰写和修改文字报告，期末的时候做口头报告。2012 的秋季学期，ACC 还安排了学生展示独立报告成果的活动，把学生的独立报告内容展示在展板上，并和来参观的中国大学生进行交流。

本书研究的对象是现代汉语的教学模式，因此其他课程的设置情况不作为重点进行分析，不过媒体课的教学模式与现代汉语课程是完全一致的，而古代汉语课程和独立报告课程的设置也是为了配合现代汉语课程而进行的教学。

ACC 项目现代汉语课程的教学安排不仅包括课堂教学，还延伸到了课外。课外的活动不但与课堂教学的内容有关，是课堂教学的延续，而且是由教师精心设计、亲身参与的，因此应该归为课程设置的组成部分。PIB 和 DSIC 的课程设置思路与 ACC 项目是一致的。

2. 课堂教学类型

ACC 的课堂教学以现代汉语课程为核心设置课型，不分年级，均设有四种课型：大班讲练课、小班操练课、讨论活动课和一对一单班课，全部用汉语授课。为了行文的方便，四种课型分别简称为大班课、小班课、讨论课和单班课。各种课型各有不同的教学任务，使用不同的教学策略和教学方法，但各种课型又互相联系，构成一个完整的学习过程。

（1）大班课：8～10 人，60 分钟，主要任务是介绍、讲解并练习当天课文的内容、重点句型及词汇，教学目标是使学生意识到语言结构，为小班课的语言点操练扫除理解上的障碍。互动形式主要是师生互动。

（2）小班课：4～5 人，50 分钟，重点练习大班课讲解过的语言结构，教学目标是使学生对语言结构能够从机械使用上升到自动使用，为讨论课完成交际任务和功能性的交流做好语言知识上的准备。

（3）讨论课：2～3 人，50 分钟，教学目标是帮助学生把当天的语言知识应用在各种不同场合的功能性交流中，通过学生之间和师生之间的互动交流，调动学生创造性的思维，把所学的新词、新句型、新内容放到实际的交流中。

（4）单班课：1 人，50 分钟，围绕课文内容及相关话题进行师生交流互动，教学目标是使学生能够将当天所学的“功能”和“语言形式”结合起来进行有意义的输出，并从句子层面上升到篇章表达。

不同年级根据每个学期课程、教学内容和目标的不同，会对这四种课型的具体内容和方式有所调整，但总体构架是比较固定的。

报刊和电影课除了教学内容不同之外，授课形式与现代汉语课一致，课型设置一致，课堂教学流程、方式和技巧等也一致。

独立报告主要由学生自己完成，教师一对一辅导，一般会在周四单班课上进行，没有单独开设课型。

四年级的古代汉语课则采取了主要由教师教授的方式，也没有单独开设课型，而是在讨论课上进行，占用语言课的一个小时。

3. 课外语言活动类型：

除了课堂教学以外，ACC 还强调利用课下时间给学生创造各种机会使用语言，接触了解社会。

（1）语言实践活动及报告

ACC 项目的学生每周要独立完成一个语言采访活动，并参加一次集体语言实践活动。语言实践内容和活动都与该周教学内容相关，设计精心、组织严密：①活动前有系统的安排；②采访有内容、有意义、有目的；③活动后有总结、归纳。

ACC 强调学生的书面及口头表达能力以及表达的准确性，学生每周要将采访的结果写成书面报告，经过老师改正后，由同学自己作口头报告。过去几年的经验证明，这一活动可以有效地帮助学生提高语言表达能力。

（2）中国家庭

为了让学生有更多的机会接触中国社会、中国文化和中国人，在中国合作院校的协助下，ACC 为每一位学生安排一个中国家庭，并鼓励学生与中国家庭共度周末。这是真实交际的机会，也是接触鲜活的文化、生动的中国人的机会。

（3）中文桌子

所谓中文桌子，是指有教师和学生一起共进午餐或晚宴，实质上是一种以练习中文为目的的语言实践活动。中文桌子的形式可以营造一种比较随意、轻松的自然语言环境，教师有意运用语言定式与学生进行真实交际，以达到帮助学生活用、巩固所学语言知识的目的。同时，中文桌子能让教师及时发现学生在学习和生活方面的问题。美国大学在华语言项目基本上都设有这种语言实践活动的形式，这是美国大学的中文系的传统，系里提供经费或津贴，让教师轮流组织不同形式的语言桌子，邀请学生自愿参加。

（4）与中国语伴交流

语伴一般是中国高校的学生。ACC 项目的学生可以自愿申请与语伴交流的机会，但不是必需的。一般坚持与语伴见面的学生进步的速度也比较快。

（5）兴趣课堂

兴趣课堂是一些学生感兴趣的中国文化活动，但并不是传统的剪纸、中国结课程。2013 年的兴趣课堂有中国民歌、乒乓球、围棋这些文体活动，既体现中国特色，又是现代社会生活的一部分。兴趣课堂一般也由 ACC 的任课教师担任教学任务，使用汉语。

（6）“北京之夜”演出

这是语言项目结束之前的一次集体才艺演出，学生和教师都参与其中。留学生们大多使用汉语演出，也有中国功夫、舞蹈等充满中国文化元素的节目。节目的编排一般由学生自己完成，教师也会应学生的邀请参与其中。实际上，每一次的“北京之夜”都是一次学生集中展示汉语水平的聚会。

（7）文化体验活动

ACC 项目在周末会为学生安排文化体验活动，除了去著名的旅游景点游览之外，主要是安排一些中国文化生活的体验，如京剧、杂技、中国功夫、话剧、相声曲艺的演出等。

（三）教学内容

ACC 将语言视为是一个整体，这个整体中的各个方面都应该是教学的内容，语言知识是发展语言技能的基础，学习语言结构是完成语言交际功能的前提，语言承载的信息是人际交流的内容，不同的语体色彩完成不同场合、目的的交际任务。因此 ACC 模式的教学内容包含听说读写各项技能，语音、汉字、词汇、语法，句子层面到篇章层面，口语和书面语，正式语体和非正式语体，现代汉语甚至古代汉语。在不同年级会依据语言水平和交际需求的不同会有不同的侧重点，课堂时间的有限性也决定了教学内容在课堂与课外会有所偏重。总的来说，课堂重听说、课外练读写，由低年级向高年级，书面语比重逐渐加大，偏重正式语体。

ACC 虽然提倡口语和书面语并重，但实际上是更倾向于书面语的，这与ACC项目使用的教材有直接的关系，也与教学方式有关。

首先，高年级教材内容涉及社会生活的各个领域，思想性较强，而且也有很多是报刊新闻，文体正式，书面语比例大。

其次，三年级课文既有对话体，也有叙述体，原本是考虑口语和书面语的平衡。但是师生问答互动是最主要的课堂互动形式和活动形式。问答互动需要主题，一般都是对一个话题进行讨论，或对一种现象进行评论。所以即使是在二年级，除了角色扮演类型的活动能够使用到口语色彩较浓的词汇，发表评论、表达意见和建议时，为了提升语言表达的“水准”，教师和学生都会不由自主采用正式语体，练习使用书面语。

值得一提的是，ACC明确提出语义协商应该是汉语教学的内容之一，这是其他项目当中没有的。

（四）教学方法

总体设计中的教学方法不包括具体的教学技巧，而是整体上的教学方法设计。

1. 综合教学法

ACC认为“语言听中有说，说中有听，读中有写，写中有读。为此，语言的不可分割性决定了语言教学也必须采取综合方法。”① 因此ACC的课程设置不像国内的分技能设课的模式有会话、听力、阅读、写作等课程之分，而是选择了将听说读写四项技能综合起来训练，以学生学习语言的过程为依据设置了大班课、小班操练课、讨论课和单班课四种课型。这四种课型各自的任务和特点在下文中将详细介绍。

总的来说，语言要素在课堂教学中以汉语的语音、词汇、语法为主，汉字在课外随文识字；语言技能在课堂教学中以说、听为主，因此课堂教学技巧以提问为主，课堂中重视互动交流。读

① ACC简介，《美国各大学联合汉语中心培训手册》，2013：1.

写能力主要在课外以作业形式培养。

2. 以语言组块为教学单位，在做中学

根据交际教学法（Communicative Approaches）①，ACC 模式认为人际交流是第二语言学习的目的，而人际交流能力的获得需要注重培养学生三种基本交流能力：解释能力、表达能力和协商沟通语义的能力。获得以上三种能力不可能单纯通过语言形式或者语言功能的练习，而是必须将二者结合起来，让学生学会使用与交际内容、谈话题目相应的语言形式进行有意义的交流。语言项目的教学应以组块的形式，将语言形式和功能结合起来，也就是在“做中学”。这也是 ACC 项目所说的“语言定式”的教学方法和“主题导入”这种教学技巧的设计意图。

“语言定式是指根据语法、语义、语用多层次限定，具备一定语言功能的一系列词组和结构的固定搭配或定式。这些定式往往包括各种可能出现的语言形式，蕴含一定的交际价值和特定交际限制，可以用来表达句子和段落层次的意思。”② 这是 ACC 的创始人靳洪刚教授结合习得研究中语言定式的概念，为了与传统的以语法为中心的“句型”概念相区别而给出的定义。靳洪刚教授将选择和归纳语言定式的标准归纳为以下 5 个方面，从这 5 个方面我们可以知道 ACC 是如何确定教学内容的练习重点的：

（1）语言层次的限定性：即语言定式的选择不仅仅停留在语法层次上，而是包括语法、语义、语用、交际策略等多层次的限定。例如，词语的搭配要考虑语义的限定，“面临”一般搭配的是负面意义的词，所以给出的定式是“面临……的挑战/竞争/压

① 靳和梁文章中的翻译是“沟通式教学法”，本书中为了便于理解，统一使用术语“交际教学法”。

② Jin, Hong Gang. The role of formulaic speech in teaching and learning patterned Chinese structures. In Journal of Chinese Language Teachers Association, 2004a (39: 1): 45-62.

力”。由此可见，在展示一个定式时，定式的结构形式、意义和用法都会被注意到，尤其是语用上的各种限制。不过教师并不会详细讲解一个定式的各种限制，而只会简略地介绍，主要是通过给出常见的搭配，让学生在不同的语境下使用来领会这些限制，并通过纠正学生的错误尝试来加深理解。

（2）定式的功能性：即教学意义上的语言定式须带有明确的功能性，如描述、叙述、陈述观点、表示同意或者反对等。例如："subj. 动不动就+VP（e. g. 吵吵闹闹/批评/抱怨/打骂孩子/说谎）"，这个定式带有描述的功能，因此被确定为重点练习的定式。讨论课或者单班课上则会设计相应的活动让学生使用这个定式进行语言功能的教学，比方说“请你描述一个脾气火爆的人”。

（3）新旧知识的涵盖性：这是指一个定式应该是新旧知识的结合，不但包含新的语言知识，也包含以前学过的语言知识。这正是 ACC 所提倡的“以旧带新”原则的体现。例如，“令”是一个新词，与以前学过的词结合起来形成的定式就成了“…令 sb. +很/比较/越来越+紧张/沮丧/不满/委屈/遗憾/失望/恼火”。定式中出现的每一种搭配都会练习，或是朗读重复，或是设计情景进行互动问答。这种设计是为了让学生能够在练习新语言点的时候复习旧的语言知识，新旧知识的搭配使得定式不那么简单，有一定的挑战性，让学生不至于无聊，又能够防止遗忘。

（4）定式的生成性：即语言定式应该能够通过替换成分应用于不同的情景，生成不同的短语和句子，完成不止一个的交际功能。

（5）句子或者段落层次的表达：即语言定式除了可以是表达整句的构架，还可以超越句子层面，为学生提供表达段落层次意思上的构架。也就是说，除了“句型”，能够上升到语篇层面的结构也是练习的重点。

3. 分组活动

ACC 认为设计合理、实施得当的分组活动可以为学习者提供不同类型的交流机会，进而产生有效的高度互动。因此分组活动是一种有助于第二语言习得的教学方法。①

4. 语义协商

ACC 模式十分注重语义协商在课堂互动中的作用，在教学中不仅将语义协商作为教学内容，也作为教学手段，“对话不仅仅可以用来进行语言练习，对话过程本身就是语义协商的过程。”语义协商也是 ACC 的一个教学内容，学生会知道一些语义协商的策略。在讨论课上，老师会告诉学生在自己不懂的时候应该怎么办。另外，在春、秋学期，学生需要写一篇独立报告。在进行采访时，学生要知道与他人进行交流的方法，知道别人不能听懂自己的意思时应该怎么办，这对学生来说也是一个锻炼。这方面他们可以得到练习。

二、PIB 项目的教学总体设计

（一）课程规划

暑期项目学期一共 8 周。每周的教学安排大致为：每天上午课堂教学时间为 4 个学时，下午 1 个学时。每天课堂教学类型一致，学习一篇课文，一个星期学习五篇课文。周五上午上课，下午考试。周间进行一次语言实践，并写一篇作文，然后用修改后的作文周四讨论课时做一次口头报告。每两周有一次文化讲座。周末安排文化体验活动。四周进行一次大考试，即期中或期末考试。每个学期写一篇学期报告。

（二）课程设置

1. 课程设置概况

PIB 暑期项目的课程设置也包括课堂教学和课外语言活动两类，全部用汉语授课。学生修完以后得到中级或者高级现代汉语

① 载于 2013 年《美国各大学联合汉语中心培训手册》，P1

的学分。

2. 课堂教学类型

课堂教学设有四种课型：大班课、小班课、讨论课和单班课。

四种课型的设计与 ACC 项目的基本一致，略有区别。

（1）大班课的教学目标是学生能够理解课文内容，理解语言项目的意义、形式和用法，初步掌握重点语言项目的用法，语音基本正确。学生人数为 6～8 人，授课时间为 100 分钟，分为 2 节课。

（2）小班课的教学目标是学生能够掌握重点语言项目的用法，基本达到自动化输出的程度，语音正确。学生人数为 4 人，授课时间 50 分钟。

（3）讨论课的是学生能够就课文主题相关的话题用汉语进行交流，并能创造性地使用大小班课上学到的语言项目表达思想、说明观点，语音基本正确。学生人数也是 4 人，授课时间 50 分钟。

（4）单班课没有固定的教学内容，教学目标是学生能够创造性地使用汉语来获取信息、表达观点、交流思想和感情，语音正确。师生一对一授课，时间为 50 分钟。

3. 课外语言活动类型：

PIB 课外语言活动主要包括语言实践活动及报告、中文桌子、兴趣课堂、周末文化体验和“中文之夜”演出等五种，最为重视的是语言实践活动和中文桌子。中文桌子的安排非常细致，每周学生都会和不同的教师共同进餐。一位教师和 2～3 名学生单独进行，而不是像 ACC 和 DSIC 项目是分年级集体进行的，这样的安排可以让学生获得与教师更多的私人交流机会。没有安排和中国语伴以及中国家庭交流。

（三）教学内容

PIB 项目同样认为语言是一个整体。PIB 的课堂教学中主要是口语交际训练，但教学内容实际上包括了听、说、读、写四种技能。听和说在课堂教学中是重点的教学内容，而读和写的技能则主要是利用课后的预习和作业进行训练。听说技能也不局限于在课堂中培养，同时也安排了其他的课外语言交际活动来培养。因此，听、说、读、写四种语言技能都是 PIB 项目的教学总体设计所确定的教学内容，从受重视的程度来看，听说重于读写。

在语体方面，PIB 总体来看倾向于叙事体。因为课程设置中没有一年级，从二年级开始，教材当中会话体的课文出现得很少。在口头语和书面语的选择上，PIB 更加重视书面语的教学。这与 PIB 对于语言中什么是可教的（teachable）以及什么是值得教的认识有关。在教学的过程中，教师与学生的对话是无时无刻不在发生的，而课程设置上也安排了学生与中国人进行口头交流的任务。作为外国人，学生与中国人进行交流时，互相理解并表达意思是主要目的，要达到这一目的，中国人不会过多地使用口语色彩太浓的语言，而且会在学生无法理解时进行调整，因此学生没有必要专门地学习口语色彩很浓的表达方式。

（四）教学方法

PIB 项目和 ACC 项目一样，重视语言知识的掌握和运用，重视听说读写四项技能的整体提高，但也不分项训练，而是进行综合教学。在语言知识的教学上，也采取了语言组块的形式，即“语言定式”。在教学中没有明确提出语言功能与语言形式相结合的观点，但在课堂教学中主要采取师生互动问答的活动形式，让学生运用语言进行交际，实际上实现了语言项目的功能，达到了语言形式和语言功能的有机结合。不过在教学实践中，ACC 项目有意识地设计符合语言形式相应功能的互动活动，因此在教学内容的组织上更为系统。

PIB 项目的讨论课主要是师生互动，有时也设计分组活动，如课堂辩论。但并未将分组活动视为主要的教学方法。

PIB 项目不把语义协商作为教学内容，也未重视语义协商在学生习得方面的作用，因此也不会把语义协商当作一种教学方法，只把语义协商作为在交际中自然发生的语言现象对待。

三、DSIC 的教学总体设计

（一）课程规划

暑期项目学期一共 8 周。每周的教学安排大致为：课堂教学时间为 3 个半学时，下午与语伴交流大概 1 个小时。每天学习一篇课文，一个星期学习四篇课文。周二或者周三进行语言实践，应该写一篇作文，然后用修改后的作文周四做一次口头报告。周五上午进行周考，中午为中文桌子。周末安排文化体验活动。

四周进行一次大考试，即期中或期末考试。期中考试以后有一次长途的文化体验活动。

秋季（春季）学期学习强度下降，每 2 天学习一篇课文。增加英文授课的中国文化研究课程。期中考试以后进行为期一周的文化考察活动，并写一个关于中国文化的专题研究报告。周末的文化体验活动次数减半，每两周与周末家庭见一次面。

（二）课程设置

1. 课程设置概况

DSIC 暑期项目的现代汉语课程，同样包括课堂教学和课外语言活动安排两个部分。学生修完以后得到中级或者高级现代汉语的学分。长期汉语项目除了现代汉语课程，还开设了中国现当代文化课程、英文授课。

2. 课堂教学类型

DSIC 暑期项目的课堂教学设四种课型：大班课、小班课、讨论课和单班课。大班课、小班课的设计与 PIB 项目的一致。暑期项目的讨论课教学目标增加了语音方面的要求，即语音标准，声调、句调、停顿、重音等基本正确，流利度也有要求。学生人数为 4 人，授课时间也是 50 分钟。单班课的时间为 20～30 分钟，在设计上与 ACC 项目的单班课基本一致，也是围绕与课文主题相关的话题进行师生交流互动，使学生能够运用所学的语言知识进行有意义的输出，并从句子层面上升到篇章表达，只是不讨论课文的内容，也不强调语言形式的功能。

DSIC 长期汉语项目的课堂教学课型设置与暑期项目完全一致，只是在教学进度上减缓，教学内容更为细化。

3. 课外语言活动类型

课外语言活动也包括语言实践活动及报告、和中国语伴交流、中文桌子、兴趣课堂、周末文化体验、中国家庭和“中文之夜”演出。最为重视的是语言实践活动及报告与和中国语伴交流。学生每天下午都必须和中国语伴见面，并且完成规定的语言学习内容，一般来说是复习课文内容以及谈论与课文主题相关的话题。而且在期中考试以后还会由教师组织进行长途旅行。

DSIC 也设有中文桌子，夏季项目一般设在每周五的中午或者晚上，秋季项目则由教师自行安排。学生们考完试后，心情轻松，和教师们自然、随意地交流。教师们经常会在刻意谈话的时候用上句型，然后师生相视会心一笑。这不仅是 DSIC 安排的语言实践机会，更是师生交流感情的机会，让学生和老师紧张了一周的神经放松下来，享受美食的同时也享受一周辛苦的成果。

长期项目的长途旅行长达七天，会到云南的少数民族聚居区考察，要求写出中文的文化考察报告，交由教师修改，最后结集出版。

（三）教学内容

DSIC 项目在教学内容的选择上与 PIB 项目较为一致，听说读写全面要求，口头语和书面语的教学较为平衡，五年级的书面语成分更多，还增加了文言文内容。重视语言中的文化因素，但不倾向于“大文化”内容的专题教学，如中国的历史、政治经济制度、风土民俗等。

（四）教学方法

DSIC 项目在教学方法方面的选择也与 PIB 项目比较一致。综合教学，问答互动，语言组块教学，大班课讲练结合，小班课大量操练，讨论课和单班课在语言交际中学会运用语言。这些教学方法是美国名校在华汉语项目的共同选择，反映了共同的语言观和语言学习观。

四、三个项目的教学总体设计比较

三个项目在教学总体设计方面各有特色，但总的来说是大同小异。具体表现为：

（一）课程规划比较

三个项目暑期课程的规划基本一致，只有细微差别。共同的特点是：

1. 课程密集，学习强度大。

2. 教学循环进行，学生的学习程序非常固定。一天一个小循环，每周一个大循环，每四周重新总体循环一次。

3. 复习考试频率高。每一次考试代表着开始新的一轮学习循环。

具体情况见表 2-1：

表 2-1　三个项目的课程规划情况表

	PIB	DSIC	ACC
课程时间	8 周	8 周	8 周
每天课堂学习时间	5 学时/天	3.5 学时/天	4 学时/天
每周课堂学习时间	24 学时/周	14 学时/周	20 学时/周
总学时	192 学时	112 学时	160 学时
语言实践频率	1 次/周	1 次/周	1 次/周
周考频率	1 次/周	1 次/周	1 次/周
大考试频率	1 次/4 周	1 次/4 周	1 次/4 周

续表

	PIB	DSIC	ACC
文化体验活动	1 次/周	1 次/周	1 次/周
中文桌子	1 次/周	1 次/周	1 次/周
其他		每天见语伴 1 小时 安排长途旅行	

从表 2-1 可以看出，三个暑期项目的课程规划只有课堂教学时间上的差别，其中 PIB 项目的教学强度大，总学时比 DSIC 项目多出 80 学时，比 ACC 项目也多了 32 学时。

（二）课程设置比较

1. 课堂教学类型比较

三个项目课堂教学的课型基本一致，均为大班课、小班课、讨论课和单班课。各个课型的教学目标、互动形式大同小异。最为明显的区别是 ACC 的讨论课有明确的语言功能教学目标，这是另两个项目所没有的。最为显著的共同特点是四种课型以课文内容为共核，从不同角度学习和掌握同一篇课文的内容，是一种以课文为本的课堂教学设计。

表 2-2　三个项目的大班和小班课型设计基本情况表

课型	项目名称	人数	授课时间	教学目标	互动方式
大班课	ACC 和 DSIC	8～10 人	60 分钟	理解语言项目的用法、扫除交际障碍	师生互动
	PIB	6～8 人	100 分钟	同上	同上
小班课	三个项目	4～5 人	50 分钟	重点语言项目的自动化输出	师生互动

从表 2-2 中可以看出，大班课和小班课这两种课型在三个项目中的总体设计几乎完全一致，只有 PIB 在大班课的学生人数上更为坚持“小班授课”的原则。

表 2-3　三个项目的讨论课和单班课课型设计基本情况表

课型	项目名称	人数	授课时间	教学目标	互动方式
讨论课	ACC	2～3 人	50 分钟	新语言结构与语言功能相结合；创造性地使用语言，内化新语言知识	生生互动+师生互动
	PIB	4 人	同上	创造性地使用语言，内化新语言知识	同上
	DSIC	4 人	同上	巩固复习课文内容；创造性地使用语言，内化新语言知识	
单班课	ACC	1 人	50 分钟	巩固复习课文内容；创造性地使用语言，内化新语言知识	师生互动
	PIB	1 人	50 分钟	创造性地使用语言，内化新语言知识	
	DSIC	1 人	20-30 分钟	创造性地使用语言，内化新语言知识	

至于讨论课和单班课，三个项目各有特色，但总体的教学目标并无区别。讨论课和单班课总的来说，在学习的程序上，是识记、理解、运用和巩固这四个步骤的后二者，目的都是内化新语言知识。只是在教学安排上，ACC 把课文内容的复习巩固放在了单班课的前半段，DSIC 则在讨论课的开始进行。PIB 不在课堂教学中进行课文内容的复习巩固，只以作业形式进行语言结构的复习巩固。这四种课型加上预习、作业、课外语言实践构成了完整的学习程序，以此循环。

2. 课外语言活动安排比较

三个项目在课外语言活动安排方面各有侧重点，但目的是一样的，那就是创造与中国人真实交际的机会，和接触中国人、家庭、社会文化活动的渠道，让学生能够运用汉语进行交流，了解鲜活的中国当代社会文化。

	PIB	ACC	DSIC
大班课	课文为线索练习 句型及重点生词	主题式导入 定式及重点生词	课文为线索练习 句型及重点生词
小班课	语法点练习	语言定式练习	语法点练习
讨论课	课文话题讨论	小组合作式任务 课文话题讨论	朗读课文 课文话题讨论
单班课	任意话题讨论	课文复述 课文话题讨论 错误记录	课文话题讨论 规律偏误纠错

图 2-2　三个项目课堂教学各个课型设计情况一览图

PIB 重视中文桌子而不安排中国语伴，是因为在 PIB 的单班课上，教师基本上起了中国语伴的作用，因为 PIB 的单班课并没有规定要讨论当天的课文，而是可以谈论任何学生想讨论的话题。中文桌子也是为了最大限度地发挥教师作为交谈对象的作用。PIB 的学生在进行教师评价时也表示，教师是他们了解中国最主要的渠道。

DSIC 最为重视语伴，为这项课外语言实践活动所做的设计和安排最为细致，也是为了最大限度发挥语伴作为学生了解中国以及交谈对象的作用。

ACC 和 DSIC 的长期项目都有独立报告。ACC 选择单独开始独立报告课程，从阅读到采访，从写作到口头报告，再到成果展示交流，自成一格，教学安排系统而细致。DSIC 则选择了师生统一行动，教师全程参与的方式。教师陪同学生一同调查、访谈，同时辅导写作，随时提供帮助。两种方式异曲同工，各有千秋。

（三）教学内容比较

三个项目在教学内容的选择上几乎完全一致，重视语言结构，兼顾语言功能，重视听说，兼顾读写，偏重于较为正式但仍用于口头交际的书面语教学，没有明确的文化态度教学目标。ACC 的长期项目增加了古代汉语和媒体汉语课程，在语体上更为丰富，而且提出语义协商也是一种教学内容。

三个项目所选教材的课文中通常会包含很多文化因素，比如社会文化、思想层面、观念方面等。课文中有一些语言交际中的文化因素，比如：讨价还价、见什么人说什么话、如何与中国人打交道等。这是学生在和中国人交流时一定会接触到的。不过教材中包含更多的是文化现象，比如独生子女的教育问题、中国的敬烟现象等。总的来说，学生主要接触的是交际层面和思想观念方面的文化现象，三个项目都不专门教授关于中国历史、政治经济制度、民俗等方面的文化内容。

（四）教学方法比较

三个项目在教学方法方面也比较一致，共同的选择是采取综合教学的方法，听说能力以课堂教学为主，辅以教师指引下的社会交际活动；读写能力以有指导的自学为主。语言项目教学以语言组块为单位，淡化语法，重演绎轻归纳。语言形式和语言功能结合，在“做中学”。师生问答互动是主要的课堂活动方式，用汉语交际既是教学的目的，也是教学的方法。

ACC 项目更为重视分组活动，通过生生互动促进语言习得。语义协商其实发生在每一个真实的课堂中，但 ACC 项目将其设计为一种教学途径，教师在与学生交流时会更加注意语义协商的使用。

表 2-4 ACC 项目、PIB 项目和 DSIC 项目的汉语教学比较表

比较项目 比较分析	项目背景	总体设计	实施层面			教学理念
			教学策略	教学程序、技巧	教材选编	
相同之处	+	+	+	+		+
不同之处			语音教学方面	小班课、单班课	−	

第四节 美国名校在华汉语教学模式的实施层面

课程设置和教学流程的安排使这些总体上的设计需要更加具体的教学策略、方式和技巧来实现，也就是在教学模式的操作层面，教学策略是关于操作原则的，为具体的教学技巧、教学行为的取舍指明方向，而教学模式具体的实施则依赖于课堂教学的方式和技巧。操作层面受教学理念和总体设计的指导和制约，同时也反过来影响总体设计。

操作层面是教学模式最具体的表现，也是最能反映教学模式特色的。观察和分析三个语言项目的教学策略和技巧，能够对美国名校在华汉语教学模式有更清晰的认识。

教学模式的操作层面的教学部分主要包括教学策略、教学程序、教学技巧和教材选编等。本节将就这四个方面分别进行分析。教学管理的部分将在第四章中集中讨论。

一、教学策略

教学策略就是关于语言的教与学各个因素的决策。从广义上说，教学理念的选择和教学总体设计的每一个方面都是关于语言教与学的决策。本书中的教学策略指的是直接影响教学模式实施、指导教师在教学实践中应对复杂的课堂教学情况的决策。

（一）关于流利度与准确度

三个项目对学生语言的准确性及流利程度（accuracy and fluency）都很重视，都强调给学生打好语音基础，认为语音基础在整个语言学习过程中起着举足轻重的作用；既注重语言形式的准确性又注重语用功能的适度性，使用语言是学生掌握语言的唯一途径。

PIB 项目对于语言准确性的要求非常高，尤其是语音，甚至有"一失音成千古恨"的说法。"从一年级起，普大模式对语音准确度的要求几乎达到了'病态'的地步。"①

全程纠错是确保准确性的教学措施，而课堂教学以问答互动为主、重视情景化教学和语义协商则是为了保证流利程度。

重视准确性，意味着控制学生的语言输出，而且还有挫伤学生积极性的可能性。采用这样的原则与美国大学生的特点有关。总的来说，美国大学生大多乐于发表自己的意见，也大多认为语言学习是要"learn by doing"的，所以在课堂上都踊跃发言，不会冷场，流利度基本不会太有问题。但是洋腔洋调，病句层出不穷也是常见的现象。功能教学派只注重流利度的教学策略已经显现出不良后果，可见的现象是有的学生可以滔滔不绝地讲一个小时，可是除了老师以外，其他人都很难听懂他讲的是什么。不过严格纠错、机械重复显然不符合美国大学生活泼、爱好自由的天性，因此以鼓励交流为主、以全程纠错监控输出的质量就成了这三个项目自然的选择，这也是大部分美国名校汉语项目的教学策略之一。

---

① 朱永平．继承与发展：赵元任汉语教学模式理念与普林斯顿模式——对外汉语教学之普林斯顿模式探讨之三［J］．国际汉语教育，外语教学与研究出版社，2012（1）：120.

（二）关于师生的角色

三个项目在四种课型中都坚持“鼓励学生多说话，教师少说话”，即“精讲多练”的教学策略。三个项目都强调学生是教学的中心，是课堂的中心。在大班与小班课上坚持以学生练习为主，教师讲解为辅，尽量“少讲多练”。讨论课和单班课设计与学生积极参与的语言互动交际活动，教师在活动中只起引导、调节的作用，争取“不讲只练”。

（三）关于语法教学

三个项目都不进行系统的汉语语法讲解，而是以课文中出现的句子为范句，通过教师提问让学生在情景化的对话中逐步理解并掌握语言项目的用法。这是在大班课中常见的一种做法，因为学生已经在预习课文的时候了解了语言项目的英文对应的意义。即使需要讲解，也只是就这一个语言项目的形式和使用限制进行简单的归纳，或对相似的语言项目进行对比辨析，而不会做系统的总结归纳。在小班课上则进行大量的操练，主要的方式是师生问答互动。这是一种淡化语法、演绎为主的语法教学策略。

三个项目都认为扎实的语法基础是语言学习的关键，提倡以语言形式为中心的结构教学。ACC 同意二语习得研究者们（Gass，1997；Doughty & Williams，1998）关于“以语言为中心的结构练习是掌握语言规律的一种重要方式，也是使语言结构变为语言系统的必经之路”的论断，认为第二语言习得，尤其是成人的习得，必须通过一定程度的语言结构练习，有意识地提高对语言规则的认识以及强化语言输入过程。①

（四）关于词汇教学

三个项目使用的教材词汇量都非常大，基本每天的生词量为

① Jin，Hong Gang. The role of formulaic speech in teaching and learning patterned Chinese structures. In Journal of Chinese Language Teachers Association，2004a（39：1）：45-62.

80～100 左右，不同年级略有区别，所以课堂教学并不以词汇为重点，而是以语法结构为中心，将词汇渗入语言练习当中。三个项目词汇教学不讲究系统性，不讲解构词法，词汇教学也不分析语素，而是讲究实用性，生成性强的高频词作为语言定式重点练习，高年级加强词义辨析，帮助学生了解词汇之间的细微差别，能够准确使用。但大部分词汇只要求识记，不会专门讲解。词汇的语义层面的解释主要依赖于英语，语用层面则要依靠老师在课上的练习和使用。一些词语之间的细小差别，有时会在大班课上进行辨析。在大班课上一般的做法是，用同义替换的方式引出新词，让学生将新词与已学词建立联系，再通过操练让学生掌握发音。

ACC 项目在课堂教学中也不太重视词汇教学，只是配合语法进行学习，没有系统的总结与归纳的时间。不过 ACC 项目为四年级学生增设了课后的同义词辨析辅导，主要教学生从哪些方面对同义词进行辨析，两个词在具体用法上有什么区别。

（五）关于语音教学

美国名校在华汉语项目一般都是从二年级开始的，不集中学习语音。但语音训练是贯穿教学始终的。正常语速交流、反复正音纠音是最主要的语音教学技巧，对于语音面貌不佳的学生，ACC 的春秋季项目特别设置了语音训练课，由老师专门一对一进行辅导。DSIC 暑期项目则在讨论课的前半段增设了朗读环节，加强语音准确性和流利度的训练。

（六）关于汉字教学

美国名校在华汉语项目一般都没有专门的课堂汉字教学环节，也不会专门讲解汉字的偏旁结构。学生通过课后阅读随文识字，通过写作练习书写汉字，通过教师对听写和作文的批改增强对汉字的概念。低年级的教材提供一定量的汉字练习和相关知识，不过在来华之前这一阶段都已基本完成。

（七）关于文化教学

这三个项目在教学过程中，并没有将文化因素作为一个特别的教学目标。但是在课堂上，大班老师在授课过程中，涉及某个句子的表达时，会注意在文化方面的讲解，比如在什么样的场合下才可以使用。美国名校在华汉语项目的定位是语言项目而非文化体验项目，基本没有明确的文化教学目标，比如给学生一种文化态度，或培养学生一种文化意识。文化被视为交流的内容。

从表面上看，这些项目并没有明确的文化教学任务，也并不以改变学生的文化态度为教学目的。从这些项目所选编的教材内容中，我们也会发现，文化知识并不是教学的对象。教材中没有太多文化知识方法的内容，而是把现当代的各种文化现象编入课文内容，如敬酒让座、车不让人、抛弃女婴、盲目西化等。课文内容不仅仅是对文化现象的描述，教学也不止于让学生了解现象，而是师生通过“对话”的方式，共同分析、比较、辨别，不必达成共识，却一定会形成较深的认识。美国名校在华汉语项目实际上进行的是一种深层的文化教学，学生了解的是中华文化当中的思维方式、价值取向、意识形态、行为模式等深层文化因素。同时，通过对教师教学行为的规范，贯彻“只有语言的正误，没有观点的对错误”，使得在课堂上可以激烈讨论、畅所欲言，不必担心被价值判断，从而无形中形成了一种多元文化共存交融的氛围。

（八）关于教学媒介语

关于目的语和学习者母语或共同语的使用比例，三个项目均使用目的语也就是汉语作为教学的媒介语，而且强调教师应该不使用或尽量少使用英文。不仅在课堂上不提倡使用英文，课外也是如此。PIB 甚至将“在任何场合、任何情况下，严格禁止与学生用英语交谈”写入了工作细则。

二、教学程序与技巧

三个项目四种课型的教学目标不同，具体的教学程序和教学技巧也各有不同。

（一）大班课的教学程序和主要教学技巧

三个项目的大班课教学程序基本一致，教学活动相对单一，基本的教学方法是师生互动问答，主要是提问的技巧。

1. 大班课的教学程序

大班课有两个教学环节，首先听写，大约 5 分钟，然后进行以课文主题为线索的讲练。

（1）听写

大班课的听写是为了检查学生是否掌握了当课重点生词和句型的意义、拼音和汉字的写法。三个项目都会听写句子。听写的句子一般都不是课文中的原句，而是用当课生词和句型按照课文的主题重新改写的。ACC 项目的听写也包括词汇，如成语。PIB 项目后来改为听写前一天的内容，是为了督促学生进行复习。这是因为 PIB 项目的学习强度更大，是一种防止遗忘的措施。

（2）讲练课文

讲练课文的基本步骤为：

①从课文情节出发，以课文中出现的句子为范句，向学生提问，从学生已知的课文内容引出目标语言点。

②如有必要，就语言点的意义、形式和用法进行简单的讲解。或者直接带领学生练习目标语言点，包括发音练习和回答问题。教师的提问会跳出当课的课文内容，结合学生的实际生活、现实场景或已经学过的课文内容，在情景化的语境中进行师生互动问答。（以旧带新）

③练习过程中，教师进行正音和纠错。

④通过提问把话题引回课文内容，过渡到下一个目标语言点。

⑤重复前 4 个步骤，循环直至完成教学任务。

如上所示，在课文讲练的过程中，词汇、句型是与课文内容、新旧信息和真实生活场景有机地融合在一起进行练习的。语言结构是课堂教学的中心。

2. 大班课主要的教学技巧

大班课最主要的教学技巧是提问。总的来看，在大班课的教学中，三个项目的教学程序一致，以旧带新是最主要的提问技巧。ACC 的大班课采用了“主题导入”的教学呈现方式。

（1）关于提问的类型

靳洪刚（2004c）中根据相关研究，从第二语言教学的角度，将提问分为了两大类，一类是认识性提问（epistemic questions），另一类是回应性提问（echoic questions）。认识性提问又分为教学提问（display questions）和信息提问（referential questions）。回应性提问有三类，理解检测类提问（comprehension check）、说明澄清类提问（clarification check）和确定理解类提问（confirmation）。根据 ACC 项目的汉语教学模式特点，她提出了提问的教学技巧包括以下几个方面。[①]

①信息提问应与教学提问交叉使用。

②应根据不同的课型有意识地多使用信息提问。因为教学提问虽可与信息提问的句长及难度相同，但不如信息提问能持续互动或引起互动调整。

③低年级教学中的教学提问相对中高年级可以多一些，而中高年级教学应尽量使用信息提问。

④在小型对话交流互动中，要避免认知程度较浅，死板机械的教学提问，多用信息提问，以便诱出有效回答。

⑤两种提问在交替使用的情况下应不断提高复杂度或认知深度。

这些提问的技巧在 PIB 和 DSIC 项目中也同样提倡。教学提问

① Jin, Hong Gang. The importance of CFL teacher training on elicitation techniques. In Journal of Chinese Language Teachers Association, 2004b（39：3）：29-52.

一般用于和课文内容有关的提问中，主要用来引出语言点或从练习中引回课文内容。信息提问则用于设计不同的语境来练习语言点。

（2）关于提问的角度

曾在普大任教的资深教师朱永平结合信息处理的假设模式和语言习得过程的假设模式，将PIB项目中使用的提问技巧总结为“控制式联想教学法”，即以句法结构为纲，以口语练习为主，情景运用为辅，以学生为主、教师控制（指导）下，最大化、最优化使用课堂时间的教学法。他还提出可从三个方面设计问题：

①语言差异：题材、体裁、老师和学生；

②文化差异：文化距离、社会距离；

③个性差异：民族之间、师生之间、生生之间。

（3）关于教学内容的呈现

理解课文内容也是大班课的教学目标。经过多年的教学摸索，靳洪刚（2004a）提出利用与课文主题有关语篇模式呈现课文可以协助语言教师有效地将语言形式与功能结合起来进行练习和交流，并把这种教学技巧称为“主题导入法”。[①] 主题就是“故事”，不过不是我们平常意义上的故事，而是指人类在处理信息时的逻辑联系方法。主题导入法实际上是一种教学呈现方法，将教学重点以课文主题为线索展示给学生，以便更有效地进行语言形式和语言功能的各种练习。

这一方法要求任课教师课前利用课文的故事或事件的逻辑联系和基本线索将课文的重点结构及词汇有机地联系起来，并通过板书的形式将故事梗概结构及词汇呈现在黑板上，在呈现故事梗概时要注意以下几个方面的问题：

---

① Jin, Hong Gang & Liang, Hsin-hsin. A thematic approach to teaching language forms and functions. In Journal of Chinese Language Teachers Association, 2004c, Vol. 39: 2. pp. 85-110

①故事的人物、事件、地点、过程、结果都要围绕语言重点进行安排。其目的是让学生在故事中了解语法结构的使用，并能利用新学的结构来描述“故事”情节。

②重点结构和词汇的呈现和讲解：“依故事的逻辑关系来安排重点结构出现的顺序是归纳整理时应注意的另一个问题。结构和词汇的出现顺序不一定必须依照课文出现的顺序呈现在黑板上。例如：任课教师可以利用板书，用一个问题引出重点词汇及语法：“由于”和“残疾”，学生可以自然地利用黑板上的线索说出“由于她是女婴又是残疾婴儿，所以她被父母抛弃了”这样的句子。

③尽量通过当天的新词及新句型表现故事梗概，同时力求使版面明了清晰。

PIB 和 DSIC 项目的教师在大班课上同样使用“讲故事”的方式来引导学生理解课文内容，不过并没有采取“主题导入法”这种教学呈现的技巧。板书一般都是按照语法点在课文中出现的顺序书写，重点生词则集中板书在黑板的另一侧。

（4）关于以旧带新

无论是控制式联想教学法还是主题导入法，其核心都是怎么提问，总结起来就是“以旧带新”。“旧”的是已知的，“新”的是未知的。“旧”的可以是已知的课文内容信息、学过的语言知识，也可以是学生大脑中的思维模式、涉世知识。“新”的可以是目标语言知识，也可以是师生一方未知的信息。“以旧带新”使学过的语言知识得以在课堂中不断重复出现，在语言的使用中得到复习、巩固和内化。而且“以旧带新”中的“旧”是提高提问效率的关键，太少了的话，问题里都是新信息、新语言知识，学生会答不上来；太多了的话，问题没有新鲜感，学生没有回答的积极性。

（二）小班课的教学程序和主要教学技巧

1. 小班课的教学程序

小班课一般采用的步骤是：

①老师领读句型一次，再下到个人检查每个学生的发音，最后从核心词出发逐步扩展到含目标句型的短语。

②用带有目标句型的问句开始问学生。第一轮的生词不宜过多，问句不宜过长。

③跳出课文，问一些与句型和重点词汇有关的课外问题。此类问题应尽量联系到学生实际生活和兴趣。

④跳出句型，用恰当的、已学过的词汇和句型带出目标句型。

⑤用书上的内容或首句内容再总练一次目标句型，以暗示学生这个句型的练习已告一段落，我们将过渡到下一个句型。

总的来说，一节课的小班操练就是在课文内容→句型→用课文外内容操练句型→再回到课文内容这几个步骤间循环进行。

2. 小班课主要的教学技巧

（1）以旧带新

小班课的教学步骤与大班课的讲练步骤相比更为简单，不必从课文内容出发提问，也不必提问引回课文内容。但其他步骤是完全一样的，而且提问的方式、原则、角度都与大班课类似，以旧带新仍然是最主要的提问技巧。

下面是 ACC 项目二年级小班课备课材料的节选①，从中可以发现教师在设计提问时，是如何考虑以旧带新的。

板书：为……安排……（宿舍/房间/生活）

①谁为周玲安排了宿舍？

②那么周玲觉得学校为她安排的房间怎么样？

③ACC 为你安排了什么？（宿舍，教室）

④你对他们为你安排的生活满意吗？

---

① 注：此章中的例句均出自 ACC2012 年培训手册及本人在调研时所收集到的语料。

⑤你的中国家庭给你做了些什么？

这些问题都围绕着留学生活这个主题练习“为……安排……”这个语言点，每个句子之间都有一定的逻辑关系或联系。前两个句子来自课文，课文内容为已知信息。后3个句子是关于学生的生活的，关于学生的信息是未知的，已知的是需要练习的句型。

（2）控制课堂节奏

小班课要完成大量的语法练习，从而达到语言结构自动化输出的目标。每节课要完成8～12个重点句型的练习，每个句型至少有4个例句，因此每一个例句的操练时间应该在一分钟之内，可谓时间紧任务重。因此控制课堂节奏是小班教师必须掌握的教学技巧，当然这也是大班教师的主要教学技巧之一。

控制课堂教学节奏的具体方式主要有保持正常语速、频繁带读、使用简短或非言语类课堂指令及缩短导入语。

在大小班的课堂上，教师在进行讲解和带读的时候容易被学生的语速影响而减慢说话速度。因此在岗前培训和教学督导的过程中，教学语速都是重点培训的内容，这对于保持大小班课的课堂节奏，促使学生快速反应至关重要。

当学生输出句子时，课堂节奏会自动减慢。教师一般会采取快语速带读的方式再次加快课堂节奏。

课堂指令并非学生的学习内容，因此原则是尽量不占用课堂时间。大小班课堂上的教师指令非常简短，最常用的就是“一起说”“再说一次”等。教师还会直接用手势、眼神和其他体态语言示意学生回答问题或继续输出，节省课堂时间。

在导入情景时，三个项目都要求导入语短而易懂，不能出现导入语说了好几句，学生的输出只是一个简单句，甚至是一个词的情况。如果没听懂而要再重新解释一遍，那么课堂节奏则会被打乱。

在大小班的课堂里，经济原则是选择教学技巧的主要标准。

如果用情景法导入用的时间较长，需要用好几句话来交代背景，那么教师可能会选择比较简单的完成句子法或者简单问答法。这时，真实交际原则会做出让步，因为大小班课堂里，自动化是最高目标，所以课堂教学效率的标准就是学生能够做出的有效输出次数越多越好。真实交际原则会在讨论课和单班课的课堂里得到更多的体现。

3. 关于是否在教师提问的题干中出现目标语言点，三个项目有不同的观点

ACC 教师培训时，会提醒新教师，不必担心引导句中出现了目标定式，因为我们教学的目标是让学生掌握目标定式，而不是考查学生是否已经记住，而且老师的话语也是一种输入源，可以起示范作用，方便学生模仿。

DSIC 认为，语法练习是为了让学生练习目标语言点，而不是让教师练习。因此教师应该尽量引导学生自己说出来，而不是自己说出来让学生机械模仿。

PIB 认为，不要在课堂上让学生猜谜语。一种意思可以用很多种形式来表示，一个问题可以有很多种答案。引导语一定要清晰，包含目标语言点也可以。如果学生迟疑，很可能不是他没听懂，而是不知道怎么用目标语言点回答，这个时候要马上做出反应，及时提示，以免浪费课堂时间。

（三）讨论课的教学程序和主要教学技巧

1. 讨论课的教学形式

（1）讨论课是 ACC 最有特色的一个课型。ACC 的讨论课有多种多样的形式，根据教学内容不同而有不同的选择，因此没有固定的教学步骤。主要的教学形式包角色扮演、讨论问题、辩论和看图讨论。PIB 项目的讨论课一般只有讨论和辩论两种形式。DSIC 长期项目讨论课的形式也常常是讨论和辩论两种，暑期项目的讨论课偶尔会进行角色扮演，不过与其他项目最大的不同是，在讨

论课的前半段设置了朗读环节。

①讨论问题

就当天课文内容的一些相关话题进行讨论，话题设计的方向基本是中外文化对比。比方说如果当提的课文是关于小学生的烦恼，老师可以问学生美国小学生有什么烦恼，中学生和大学生的烦恼又是什么之类的问题。

老师提出一个具争议性的话题让学生去发挥也是很有效的方式。不过老师不一定要表明自己的立场，比方说，老师问学生："我看到报上说，美国人不重视老人，所以人一老了就把他送到养老院去，难道美国人都不孝顺父母吗？"

教师在讨论课上的角色类似主持人，将问题抛出，引发学生讨论。如学生们观点不一，引起争论，教师则隐身其后，或主动支持较弱的一方。如学生们的观点一致，则通过提问深入讨论这一话题之下可能包含的文化因素。当某一话题已经得到充分讨论，教师可通过提问转为讨论该话题的平行话题。

讨论课的话题在备课时主要采用树形图的技巧来梳理话题。首先选择课文的主题之一，就像是大树的树干，从课文内容可以发现的相关话题如同主要的枝杈，这些相关话题也被称为"平行话题"，而相关话题内部可以进行讨论的各个方面是枝杈上进一步的分叉。例如，课文的主题之一是"标语对社会秩序起什么作用？"平行话题可以是"商业社会里，什么样的标语更起作用？道德性的还是商业性的？""政府使用标语是希望人们（尤其是年轻人）向谁学习？学习什么？"等等。其中关于道德性标语和商业性标语进一步讨论的话题可以是"社会需要不需要道德性的标语，为什么？""商业性标语，也就是广告，在现代社会有什么作用？你可以举一个例子吗？"甚至可以根据学生的背景进一步讨论"你认为道德和商业（经济、赚钱）哪个更重要？"课文主题之间也是平行话题的关系，结束主题之一的讨论，可以继续讨论的主题如：

“中国政府用标语团结全国人民，你的国家的政府是怎么做的?”

②角色扮演

指定学生分别担任一个角色，在设计的情景中进行对话。比方老师说：“S1，你是刚来中国的美国留学生。S2，你是宿舍前台的服务员。S1，你想打听一下宿舍的情况。好，S1，由你开始。”

角色扮演是很常见的一种外语教学方法。ACC 对于这种方法的使用是比较谨慎的。在讨论课上使用，原因是：学生经过大小班的练习，第一，已经比较熟练地掌握了目标定式；第二，已经了解了这种情景下每个角色的交际意图；第三，一般在二年级学习对话体的课文时才使用，构拟情景是为了满足低年级学生交际需要的一种方式，在目的语环境中，为了生存需要，学生会产生比较强烈的学习动机和兴趣。

这使得角色扮演不会是简单的重复对话，而是根据意义进行了情景重建，重建时聚焦的是形式，是有效的语言输出，是对目标定式的相关图式进行激活、提取、重新加工、输出的过程，应该可以起到促进语言能力发展的作用。

③辩论

最理想的辩论是两位学生确实在某一个议题上处于对立的两方，老师引导他们做真实的辩论。如果不是真的有相对对立的看法，可以指定两人各处正负一方，引导他们进行辩论。

④看图讨论

由老师提供一幅图或三四幅连环图，然后请学生来诠释图意。

⑤DSIC 朗读环节的教学步骤：

◆ 导入，用简单的一句或几句话进入朗读环节，如“今天的故事是关于什么的?”

◆ 根据故事梗概，用 WH-word 引导学生用课文上的句子回答，特别是含有语气词的和有强烈口语色彩的句子。学生的回答不必和课文中的一模一样，只要是含有新语言点的通顺的句子就行。语速要比大班课的快，甚至比正常语速要快。

◆ 师生回答一般按照提问—独唱—合唱—独唱的顺序进行循环。第一次独唱建立范句，如果学生给出的句子不规范，教师则主动改过来，然后合唱练习。第二次独唱是单点一个学生再重复一次，检查语音是否标准。因此第一次独唱一般会点语音标准的学生，第二次独唱会让语音不太标准的单独说，以便进行针对性的纠音。

◆ 如果句子里有可以扩展的词汇，在大小班里都没有时间练习的，则进行扩展练习，步骤和大班进行语法点练习的步骤一致。

2. 讨论课的主要教学技巧

讨论课上教师的角色是一个引导者，主要任务是引导学生进行讨论。因此引导谈话时最主要的教学技巧。

（1）讨论课上学生的主要问题

学生在讨论中的倾向有以下几点：①语言形式太简单，倒退回最低水平；②仅估计内容而忽略了语言形式的准确性；③讨论仅停留在单句的陈述，而无法上升到段落的阶层，使陈述具有整体性，只回答“对”“是”“我同意你的看法”等。

（2）引导谈话的技巧

针对以上问题，讨论课上的引导不仅要推动谈话进行下去，而且还要推高学生汉语输出的水平，要在适当的时机提醒学生使用已经学过的语言知识来进行表达。

①指示句要明确，提问方式要足以推动对话的进行，如：“你想不想知道……？”而不是只让学生重复问题，如“你问他……？”

②把关键线索写在黑板上或纸上，必要时提示学生。

③对话内容开始重复流于形式时，老师必须将对话打住，说，“好，就说到这儿。”

④对话要尽量在两个学生中进行，不要变成教师和其中一个学生的对话。

⑤设计每组对话要任务明确清楚，不要把太多的任务放在同一组对话里。

（三）单班课的教学程序和主要教学技巧

1. 单班课的教学程序

单班课是一对一的教学活动，弹性很大，主要是针对学生的需要、兴趣、语言中的弱项，以当天所学的内容为基础，或更深入讨论，或继续发挥或加以修正。

（1）ACC 项目的单班课教学程序

ACC 项目的单班课是 ACC 最有特点的一种课型，教学形式类似于大班、小班的教学，基本步骤如下：

①就课文内容采用问答式进一步复习讨论；

②针对学生个人问题进行再一次语言形式和功能的强化；

③针对学生的个人生活和亲身经历，利用所学的语言形式进行讨论。

（2）PIB 项目单班课的教学程序

①开场问候，建立感情联系和友好的谈话氛围；

②寻找学生的谈话兴趣点，或继续讨论课文主题相关的话题，或谈论学生的学习、生活和感兴趣的话题。

③谈话时进行针对性的纠错，同时在适当的时候使用或提醒学生使用已经学过的语言知识，不局限于当天的。

④下课前 5 分钟左右，整理学生比较有规律性或频率较高的语言偏误，写在纸上并和学生一起练习巩固，下课时把偏误记录交给学生回去复习。

PIB 项目的单班课安排在下午 1 点开始，每个学生一个学时，一个教师大概每天下午给三个学生上单班课。单班课的学生是另外排班的，排班的原则是尽量让学生和不同教师见面的机会均等。这出于两个方面的考虑：一是为了教师能够了解每个学生的情况，以利用设计大小班例句和讨论课话题时能够尽量做到有针对性的、个人化的考虑；二是为了让学生能够有均等的机会接触到每一位教师，而不是总是跟固定的教师见面。这样能够接触到不同教师的言语风格和思想观点，同时也可以较为公平地对每一位教师进行课堂教学的评估，避免因为接触机会少，产生师生关系的亲疏厚薄，从而影响评估的公平性。毕竟学生的评估对于 PIB 的教师们来说，不仅是教学上的监督，同时也关系到最后的奖金评定。另外，与其他语言项目一样，单班课是重点纠错的环节，要对学生进行有针对性的个人化纠错。

单班课的具体教学内容并不固定，大概有个两方面：第一，继续讨论课的话题。如果学生在讨论上有机会尽情抒发自己的感想，或者不太方便表达自己的意见，那么单班课上就可以畅所欲言。第二，讨论任何学生愿意讨论的话题。PIB 的教学强度是所有美国名校在华项目中最大的，每天早上四节课都是节奏较快的语言训练课，下午还有文化讲座或其他活动，另外还有 4 个小时左右的作业和预习量。那么每天一个学时的单班课如果还是严格要求按照课文的主题进行语言训练，学生会比较难以坚持。

（3）DSIC 项目单班课的教学程序

DSIC 项目的单班课不复习课文内容，主要是就课文内容相关话题，与学生进行深入的、个人化的交谈，教学步骤基本为 ACC 单班课教学步骤的②和③。

2. 单班课的主要教学技巧

（1）主要教学技巧

ACC 项目的单班课在步骤①中仍采用“主题导入”法进行，步骤①和②中采用教学提问和信息提问交替进行的技巧。

PIB 和 DSIC 项目的单班课教学技巧与讨论课一样，主要是引导谈话的技巧。

（2）纠错的技巧

在单班课上，还有一个主要教学任务，就是进行个人化的正音纠错。全程纠错是美国名校在华汉语项目中最为突出的教学策略之一。正音纠错是贯穿于四种课型之中的，不过在单班课上教师可以更有针对性地纠错。这些项目中的纠错技巧基本一致。

对语音、词汇、句法的错误要区别对待，但遇错必提醒。

①语音的可以直接改，主纠规律性偏误。有规律性的最后要总结，集中改；

②词汇的口误可以直接提醒，但如果不能十分确定学生要表达的意图，应该听完整句后再改；

③句法的错误，单句的话，听完了再改。

④语篇的话，如果能从逻辑上立刻确定用错了，可以马上提醒，比方说“是‘但是’，还是‘而且’？”不能确定的，听完整个段落后再改，改完不必让学生再说一次。

⑤在讨论课上，等学生说完一句整句后再改错，如二人犯同样的错误可以一起改正。

三、教材选编

（一）ACC 项目的教材编写与选择

1. 教材的来源

ACC 的教材并不固定，采取的是动态管理。每个年级有几本基本的教材作为教学内容的来源，大多是 ACC 自编的。每个学期具体教授的课文并不都出自一本教材，而是根据需要选编。而且每个学期都可能会更新一些课文的篇目。教材改编是个耗时较长的过程，而教学决策需要灵活机动，因此在教材改编完成之前，ACC 采取了部分更换内容，从多部教材中取长补短的做法。

2. 选择课文的原则

选择课文的出发点有四个：学生的汉语水平、时代性、内容是否重复以及本学期的活动安排。

表 2-4 ACC 项目使用教材情况简表

年级	主要教材来源	电影课
二年级	《留学中国》《中国之路》《新的中国》	《喜宴》《爱情麻辣烫》
三年级	《中国社会文化》《社会生活百态》	《饮食男女》《活着》
四年级	自编《高级现代汉语读本》 自编《报刊课》 自编《古代汉语》	《有话好好说》《霸王别姬》

（1）学生的汉语水平：ACC 在正式授课之前有入学考试，并依据入学考试的成绩将学生安排到不同的年级里。因此，在不同的学期，同一年级的学生在汉语水平上是有差异的。通过入学考试的成绩再加上申请项目时的面试情况，项目主任可以比较清楚地了解学生语言水平的大体情况，并以此为依据通过更换部分课文适当调整教学内容的难度。

（2）时代性：随着时代的发展，有些话题较为陈旧，内容与时代脱节的课文也会被更换。中国社会的发展日新月异，有很多新的现象学生感兴趣但以前的教材没有收录进去，ACC 会适时选取一些反映热点问题的文章改编为课文，或者从其他教材中选取合适的课文。比方说 2013 年春季项目的三年级除了长期使用的两本教材里的课文以外，补充课文就有 21 篇，占了总课文数（43）的大约二分之一。补充课文中有电影的对白，也有报刊新闻，还有从别的教材中选取的课文。文章的标题透露出浓厚的时代气息，如“星巴克的‘第三空间’”“摇滚歌手崔健”“住房改革”“宝洁的品牌战略”“美国广告入侵中小学”等等。

（3）内容是否重复：内容的重复指两个方面，话题和语言点的重复。话题不同，但语言点都已经是重点训练过，缺乏新的挑战的话，可能会考虑更换课文。同一话题在一个学期的课文列表中一般不会重复两次以上。课文的话题还会考虑到与其他年级衔接的问题，如果在二年级已经讨论过好几次，那么这个话题可能会考虑少出现甚至不出现，或者到后期再出现。

（4）本学期的活动安排：这种情况比较少，即设计了语言实践活动的课文可能会根据整个学期的活动安排调整次序，以免活动太过频繁，影响语言实践的效果。

3. ACC 二年级教材样课分析

ACC 的二年级学生大多是在美国国内学过一年中文的学生，大概是 160 学时。按照中国国内每周 12～16 学时计算，也就是 10～13 周，不到一个学期。依此类推，三年级的学生相当于国内学过一年汉语的留学生，四年级最多相当于国内本科二年级下学期。

以国内公认难度较高的《博雅汉语》为例，仅从课文内容涉及的话题来看，ACC 二年级学生与国内本科一年级下学期的留学生起点大致相同，也是从生活性的话题向抽象话题过渡，但是到本科二年级下学期时，国内的留学生虽然学时相差不远，在思想性、内容的专业性和话题的抽象性上就相差比较远了。

（1）从课文的长度和生词量来看，《留学中国》第一课《到北京去留学》的课文长 501 字（含标点），文后列出 42 个生词，加上练习中的补充词汇共 64 个，其中有 4 个虚词（最、终于、尽管、比较），重点语法有 8 个（从…起；尽管…但是…；利用；听说；A 离 B 不远/近；比较+adj.；要看…；倒 on the contrary）。

（2）语言形式练习有五种，分别举例如下：

第一种：读课文回答问题，例如：

1. 周玲到北京做什么？她打算在北京待多长时间？2. 王义为什么到北京去？

第二种：完成对话（3 个对话，包含 6 个重点语法）

例如 A：你什么时候开始计划暑假要做的事情？

B：（从…起；利用…）

第三种：听录音回答问题（课本附有 CD）

是一段课文里的两个人物周玲和王义出了飞机场以后的对话。大约 1 分半钟。

对话的前两句如下：

女：我很高兴在飞机上碰到你，要不然，下了飞机我不知道怎么办才好，尽管我和妈妈来过中国，但是，一个人旅行我还是有点紧张，你第一次到美国的时候紧张吗？

男：我很兴奋，但不紧张。因为我从三年前就开始计划到美国留学，也常常练习英文。

需要回答6个问题，前两个是：

1. 周玲为什么说她有点儿紧张？

2. 王义第一次到美国的时候紧张吗？为什么？

第四种：阅读短文回答问题（240字左右）

需要回答的问题有4个，前2个是：

1. 中国的学生们放暑假的时候会做什么？

2. 为什么高中三年级的学生要在暑假里学习？

第五种：翻译（5句）

前2句是：

1. I am very excited today because my dream of going to China is finally coming true.

2. Downtown would be the most ideal place to meet new friends. What do you think?

（3）语言使用练习

第一种；真情实景活动，

例如：1. 填航空公司乘客联系卡

2. 填电子银行服务开销户申请表

3. 根据机场巴士民航班车售票处的告示牌写出“民航班车、票价、售票处、首发车、末班车”这五个生词的意思，并且告诉王义（课文中的人物）票价和应该去等车的时间。

4. 看航空公司的布告栏，找到某一趟航班的信息。

这个环节是尽量按照学生可能遇到的真实交际任务设计的，

以第 2 题为例，题干是这样的：

现在中国也有了 e-bank，中文叫电子银行。要是你想在这个银行开户（to open an account）并且换钱，你就需要把你个人的情况填在下面的表中。

题目中所出现的是中国银行实际使用的开销户申请表的样本。

四个任务中包括了学生在中国最有可能要单独面对、自己去打交道的机构，还有需要自己通过阅读获取所需信息的媒体。这些任务不仅需要阅读，同时也需要写（1、2、3）和说（3），涉及三项语言技能，以及相关的语言知识图式和世界图式（即涉世知识）。

第二种：讨论

例如：1. 到中国留学得做哪些准备？

2. 从你的国家到你留学的中国城市，你坐的是哪家航空公司的飞机？在飞机上你做了什么？

3. 谈谈你到中国的第一天：你觉得怎么样？是怎么从机场到学校的？中国给你的印象（impression）怎么样？

4. 你计划怎么利用在中国的时间？

你为什么学中文？

第三种：作文

《我是怎么开始学中文的》

第四种：看图说话

这道题提供了和课文场景有关系的五幅图，但不完全一样，需要重新组织语言，编一个故事。

虽然 ACC 项目并不要求学生把所有的练习都做完，但丰富多样的语言形式练习和语言使用练习可以成为学生预习、复习的助力，也为教师安排作业，设计教学活动节省了不少时间。

（二）PIB 和 DSIC 项目的教材编写与选择

1. 教材的来源

PIB 和 DSIC 项目使用的教材大部分是普林斯顿大学中文系教师编写的。教材较为固定。

表 2-5 PIB 和 DSIC 各年级使用教材简表

年级	主要教材来源
二年级	《新的中国》《中文听说读写 2》
三年级	《社会生活百态》《无话不谈》
四年级	《事事关心》

课文来源有两种，一种是选取的，有文学作品，也有新闻报道；另一种是编写的，如二年级使用的《新的中国》基本都出自周质平教授之手。课文的语言特点：真实、自然；逻辑清楚；摆事实，观点鲜明。

二、三年级的课文以议本书居多，基本结构大多是：首先对社会现象（事实）做出描述，然后发表意见。

2. 选择课文的原则

课文是否应该选入项目该学期的教学内容，主要出于两个方面的考虑，语言是否真实、自然；内容是否有“可说性”。

可说性可以从两个方面去理解：

（1）学生在真实交际中是否可以用到；语言项目刚开始时，二年级的学生语言水平较低，处在解决生存需要的阶段，因此前 2 周的课文主要是关于住宿、饮食、交通等生活必需的交际内容，而之后则会转入精神生活和人际交往的层面，如公园的休闲、称呼的问题、恋爱和婚姻等。

（2）内容是否可以引起讨论：对于二年级的学生来说，引起讨论的意思主要是可以由此及彼、由人推己，课文的内容与他们的生活和学习相关，能够讨论也需要讨论。而对于高年级的学生来说，能引起讨论兴趣的是内容的思想性、话题的争议性。

3. PIB 教材选编的原则

（1）真实的语言。高年级选取大家的文学作品，低年级的教材是自编的，然而这种自编却和普通的口语教材的编写有着很大的区别。课文以叙述体为主，《新的中国》一共只有 4 课是对话体。叙述体的课文是对一个问题的看法，大多是议本书。对话体也不是简单编造出来的，每一句话都经过母语者的再三确认，是否有别扭的部分。语气词很少，尽量不带个人色彩。最大的特色就是没有依据词汇和语法大纲。也就是说，编写者并没有词汇和语法上严格的限制，而只是根据自己对该年级学生语言水平的经验控制不用太生僻的词汇和语法点。理由是，并没有一个可以依照的语法、词汇习得顺序，而且也不是依照这个顺序教就能顺利地习得。

通顺、言之有物、逻辑清楚是课文在文风上的特点。不避讳长句、难句，大量使用复句，使之最大限度地接近中国人会说出来的话，会写出来的文章，而不是降低语言水平去将就学习者是否能看懂或听懂。应该说编写者不是在编写一篇课文，而是在写一篇议本书，课文就是编写者真正想要说出来的话，用浅显易懂的语言表达了自己真实的思想，带有自己的见解。在这个意义上，阅读课文就是在和编写者进行真实的交流。

没有一个非要依照的语法、词汇习得顺序，而且也不是依照这个顺序教就能顺利地习得。

（2）语言就是文化，文化就是言语中带有的思想、思维方式和行为模式。在对外汉语教学中注入文化内容，目前有两种做法，一种是开设国情概况或文化课，一种是在语言教学过程中注入和语言密切相关的文化内容。前者多游离于语言教学，另成一种体系；后者与语言教学融为一体，成为语言教学密不可分的一部分。[①] PIB 采取的是后一种。

教材中的课文几乎每篇都谈论一个当代中国社会的问题。谈论这些问题必然会引出中国人的思想、视角，而不必要言必提文化。因为那些就是文化，不是文化的符号，而是深层的文化本身。

（3）文化多元观，不仅提到中国人的思想，也提到美国人的思想。从美国人的角度来看事情，来谈感受。不仅谈不同的地方，也谈相同之处。让学生自然地从课文中就体会到文化的差异，也体会到文化的共同之处。[②] 两种思想的对撞才是文化最强的吸引力，文化教学要有新的理念。这是两种哲学的对撞，是最能够吸引爱思辨的美国大学生，是保持好奇心和学习动机的动力之一。

（4）话题体现功能。语言的功能在 PIB 的教材中体现在不同的话题中。谈论不同的话题，自然会用到不同的功能。比方说，谈论中国的公园，必然要进行描述。

（5）采用综合性大纲。虽然没有词汇、语法大纲，但是有一个话题大纲，而且在不同的年级语言难度有所调整。

第五节　美国名校在华汉语教学模式的理念与特点

教学模式从构建到实施是一个假设验证、实践反馈、反复循环的过程。教学理念是教学模式构建的出发点，教学目标是教学模式构建的基准点，由这两点确定教学内容、教学方法的基本方

① 赵金铭．汉语教学与研究的发展和创获——第四届国际汉语教学讨论会本书综述［J］．世界汉语教学，1993（4）：33

② 赵金铭．国际汉语教育研究的现状与拓展［J］．语言教学与研究，2011（4）：90.

向。然后再围绕教学目标进行总体设计，根据教学时间和环境以及教学对象的需求确定具体的教学目标、教学计划、教材选编、课程设置、课堂教学方式及程序。教学模式操作层面的课堂教学策略、技巧和管理措施则与教师和学生的素质、特点联系紧密、相互影响。

前3节对ACC、PIB和DSIC三个项目对项目背景、教学总体设计和教学实施层面进行了阐述，本节将对这三个项目中的教学理念进行分析。从前三节中，我们已经发现这三个项目，无论是教学总体设计，还是在教学实施层面，都大同小异。区别只在于教学强度和个别教学技巧的差别，那么这三个项目在教学理念上是否仍然相似？

一、美国名校在华汉语教学模式中的教学理念

教学模式的理念层面主要包括语言观和语言教学观。教学理念从宏观上回答语言应该教什么和怎么教的问题，这两个问题与模式设计者关于语言是什么和语言是怎么学会的这两个方面的认识有直接的关系。除了在研究文献中的直接表述，我们从语言项目所编写教材里对教学目标的描述也可以观察到教学模式设计者对两个问题的观点。教学理念并非完全从上而下产生的，在教学实践当中教师能够发展出自己的教学理念，而教学实施的策略、程序、技巧等方面的决策就是教师教学理念的真实反映。因此本书对于教学理念的观察和分析，既关注从上而下的教学理论，也关注在教学实践中反映出来的从下而上的教学思想。

（一）关于语言性质

语言是人际交往的工具，这是第二语言教学界早已形成的共识。从上文对教学目标的阐释中，不难发现美国名校在华汉语教学模式对语言的工具性的认识还包括语言是人类文化的载体，同样是人类思维的工具，人际交往的范围不仅是满足生存、生活需

要的语言交际，还包括深层次的文化、思想、观念上的交流，以及职业发展、专业研究层面的学术性交流。

对语言结构系统层面的认识为："语言是一个不可分割的有机体，即语言的声音、语调、语法、语用；语言的听、说、读、写是互相联系、互相作用的整体，因此不能机械地将语言的某个方面或某个技能看成是一个互不联系的独立单位。"① 语言知识和技能不可分割，语言形式与功能也密不可分。这样的认识直接决定了美国名校在华汉语教学模式采用综合教学方法，综合性大纲的教材，综合而不分技能的课程设置。

（二）关于语言学习（习得）

（1）一些二语习得研究者的发现，认为第二语言的高度互动（high levels of interaction）是学习者获得语言的关键（Long，1985；Selinger，1983）②。第二语言学习者可以通过参与不同形式的互动活动，用目标语进行思考、决策、合作、协商及解决问题，最终获得第二语言的交际能力。

在美国名校在华汉语项目中，课堂里互动的频率非常高。师生频繁地问答互动、进行信息交换、讨论话题、分析现象、表达观点、完成语言交际任务。互动的过程是语言交际的过程，也是理解、掌握语言结构的过程。语言结构是语言交际的材料，语言交际是习得语言结构的途径。

活动类的互动方式在美国名校在华汉语项目中课堂中并不常见。这并不代表不重视互动。ACC 讨论课设计了多种多样的交际任务，而在 PIB 和 DSIC 项目中，针对话题展开讨论是最为常见的语言交际任务。大量的讲练操练并非机械性的重复，每一个问题都有意义、有情景、有交流。提问是引发互动最主要的方式，这

---

① ACC 简介，载于 2013 年《美国各大学联合汉语中心培训手册》，1

② 靳洪刚．分组活动的教学形式及互动性探讨，载于 2013 年《美国各大学联合汉语中心培训手册》，89

是因为直接问答是最有效率的课堂教学方式，也是一种最为自然的语言交际方式。

（2）ACC 模式还同意语义协商对语言习得有促进作用，赞成 Long（1985，1996）给语义协商下的定义：Negotiation of meaning is a process that speakers go through to reach a clear understanding of each other。（语义协商是对话双方经过交流而达到互相理解的过程），认为语义协商是一种在互动中调整语言来进行交际的过程，可以将其视为一种扩展性输入，而且认为这一过程可以将语言输入转换为可理解输入（comprehensible input），从而调整语言输出的过程，在第二语言习得过程中异常关键。

（3）输入是语言习得的关键性必要条件，没有输入就不可能有语言习得，这是毫无疑问的。在语言教学中，输入完全等于输出是最理想的情况。然而在实践中，我们知道，输入不完全等于输出。习得方面的研究者认为，在输入和输出中间还有一个“吸入”环节。在课堂上展示给学习者的语料只是“供大脑吸收的内容”（what is available for going in），而不是“大脑吸收的内容”（what goes in）。科德（1967）建议把“吸收的内容”叫作吸入。吸入可以进一步分为两类，一类是意义的吸入，一类是语言形式的吸入。研究者指出只有后者才能对学习者的语言发展做出贡献。[①] 语言教学的目标是促进学习者的语言发展，因此应该重视语言形式的吸入。吸入很难测量，逻辑上来说，只有吸入了，才能转化为输出，也就是说输出的质和量能够反映吸入的情况。

在美国名校在华汉语项目中，课堂教学对学生话语输出有很高的要求。语音必须标准，表达要流利。课堂上教师少讲，甚至不讲，而学生要大量输出。回答教师的提问，不能只说省略形式，

① 参见刘颂浩．第二语言习得导论：对外汉语视角［M］．北京：世界图书出版公司，2007：89

而是要求整句输出。低年级也要求成段表达，这些教学策略反映了教师对输出和吸入关系的理解。

（三）关于教学目标

在《留学中国》前言里，靳洪刚教授对中级汉语（2 年级）教学的目标做了如下阐述：①

（1）培养学生在目的语国家进行生活和思想文化交流的基本能力；

（2）培养学生有目的地、有效地使用整句或段落来表达思想、进行交流，以做好向篇章过渡的准备；

（3）训练学生利用已知信息和已经掌握的语言结构对新的语言信息进行科学推理猜测的能力，以便在真实环境下进行语言文化交流。

对于高级汉语（3-4 年级）的教学目标，靳洪刚教授在《中国社会文化写实》的前言中是这样阐述的：

"高年级的教学目的应从基本的、具体的功能性交际上升到有主题的、抽象的、与社会现实紧密结合的学术性交流上。因此高年级的教学重点应集中在以下四个方面：第一，利用不同的社会、文化内容帮助学生系统掌握正式场合以及学术交流时常用的词汇、结构、惯用方法、文体及篇章结构；第二，有系统地让学生了解掌握（正式）的书面语与口语的语言形式、功能，以及交际过程中的特点和区别；第三，通过各种交际练习逐步培养学生从句子、段落、一直到篇章的准确而又得体的表达能力；第四，通过精心选择的各种课文帮助学生用中文原文学习一系列的与中国文化观念、社会变化、经济发展以及风土人情有关的课题，并帮助学生使用所学的语言进行学术性的交流。"

---

① Jin, Hong Gang, Xu, De Bao, Chao, Derlin, & Chen, Yeafen. Crossing Path: Living and Learning in China（《留学中国》）, 2003, Cheng & Tsui Company, Mass: Boston.

从中不难看出，美国名校在华汉语项目都把全面提高学生使用汉语进行语言和文化交流的能力作为总的教学目标。具体到各年级的教学目标稍有不同，不过也只是语言水平提高导致的区别。

ACC 项目吸收了美国 21 世纪外语学习标准当中的相关外语教学理念，认为第二语言学习的最终目的是人际交流，因此提出了在语言能力方面更为具体的教学目标，即培养学生在人际交流、理解诠释以及表达演说等全方位的汉语交际能力。

教学目标中对于学生运用汉语进行文化交流的能力有明确的要求，这与教学对象主要是美国大学生有很大的关系。美国教育的传统是强调全面发展，重视思辨能力，大学前 2 年都不设专业方向，鼓励学生开阔视野，发现自己真正感兴趣的领域。因此美国大学生大多涉猎广泛，思想也比较深刻，名校的学生更是如此。美国的语言学习政策文化导向性很强，5C 标准中更是明确提出文化是学习目标和学习内容。在美国开设中文的院系一般也是东亚语言文化中心之类的，传统上就比较重视历史和文化，而现在中文作为美国语言旗舰项目的关键语言之一，来中国学习中文的学生自然不可能只满足于一般的日常交际，而是会把深入地了解中国社会、大众和各领域的现状作为目标。

（四）多元综合的教学法理念

以语言结构为中心的听说法，全浸式强调师生言语互动的直接法，提倡学以致用的交际法，和以用促学、边用边学的任务法在美国名校在华汉语项目的教学实践中得到了较为和谐的融合。语言交际既是学习目的也是学习方式，语言结构是语言交际的材料，语言交际是习得语言结构的途径。譬如，从任务式教学的理念来看，美国名校在华汉语项目的课程设置可以视为“以任务为导向”（Task-Oriented）的设计思路，课堂教学解决语言知识的准备，是任务前的环节；教师组织语言实践活动让学生完成语言交际任务，是任务中环节；写语言实践报告，再在课堂上进行口头报告，教师进行修改、纠错和评分，是任务后的评估和巩固环节。

人本主义的教学法理念同样在美国名校在华汉语项目的教学实践中有所体现，如鼓励学生合作学习，自主学习等。

总的来说，美国名校在华汉语项目的教学理念是一种综合性的教学法理念，不独尊也不排斥任何某一种教学法理论，完全从实用出发，以教学实践的效果为依据，兼容并蓄，多元综合。

二、美国名校在华汉语教学模式的特点

（一）精英式强化教学模式

在对美国名校在华汉语项目汉语教学的各个方面进行分析的过程中，我们发现这些项目中所实践的汉语教学模式虽然各有特色，但大同小异，可以视为同一种汉语教学模式的不同表现。与其他汉语教学模式相比，美国名校在华汉语项目的教学最为显著的特点是速成、强化，高标准、严要求。语音准确，表达流利，短期内要求从“成句”到“成段”，听说读写能力全面发展，“从基本的、具体的功能性交际上升到有主题的、抽象的、与社会现实紧密结合的学术性交流”。这对于学生和教师的要求都非常高，只有通过密集的课程、高强度的反复练习才有可能达到。因此，本书将美国名校在华汉语教学项目中实践的汉语教学模式称为“精英式强化教学模式”，即以培养精英为目标，以密集强化为手段的汉语教学模式。

（二）精英式强化教学模式的基本特点

这些项目在教学总体设计、教学实施和教学理念三个层面虽然同中有异，但同大于异。精英式强化教学模式的基本特点提炼如下：

1. 课程规划密集强化，频繁考试，固定循环。

2. 课程设置从课堂教学延伸到课外活动，构成完整的学习程序。

3. 课堂教学以课文为本，四种课型以课文内容为共核。

4. 教学内容兼顾语言结构与功能，重视听说，兼顾读写，逐渐由口语向书面语过渡，语言与文化不分离。

5. 综合教学，语言组块为单位。淡化语法，演绎为主。

6. 语言结构为中心，互动交际为手段，强调学以致用，同时在“用中学”。

7. 准确与流利并重，全程纠错，整句输出，大量输出，有意义的输出促吸入。

8. 以讲带练，精讲多练，学生中心，教师主导。

9. 课文内容是线索，语言规则随见随学，语法结构为重点，词汇重练不讲。

10. 课堂教学重效率，以效率促效果。讲练、操练靠节奏，讨论单班重引导。

11. 课堂互动靠提问，意义交流是根本。以旧带新，提问设情景，有交流，杜绝无意义的机械重复。

在本章对精英式强化教学模式特点进行初步提炼，是为了第三章讨论精英式强化教学模式的实现条件，以及第四章分析精英式强化教学模式在课堂教学中的实践情况分析提供依据和角度。

本章小结

本章首先通过对国内外教学模式的定义，以及汉语作为第二语言的教学模式定义及构成要素的阐释，结合笔者对语言教学中管理因素重要性的认识，构拟了国际汉语教学模式框架的初步模型。

随后对 ACC、PIB 和 DSIC 三个美国名校在华汉语项目的项目背景、教学总体设计和教学实施层面、教学理念进行了阐述，认为三个项目虽各有特色，但总的来说在各个方面大同小异，可以视为同一种汉语教学模式的不同表现。与其他汉语教学模式相比，美国名校在华汉语项目的教学最为显著的特点是速成、强化，高标准、严要求。语音准确，表达流利，短期内要求从“成句”到“成段”，听说读写全面发展，“从基本的、具体的功能性交际上升到有主题的、抽象的、与社会现实紧密结合的学术性交流”。这对于学生和教师的要求都非常高，只有通过密集的课程、高强度的反复练习才有可能达到。因此，本书将美国名校在华汉语教学项目中实践的汉语教学模式称为“精英式强化教学模式”，即以培养精英为目标，以密集强化为手段的汉语教学模式，并归纳了这种教学模式最显著的一些特点，为了第三章讨论精英式强化教学模式的实现条件，以及第四章分析精英式强化教学模式在课堂教学中的实践情况分析提供依据和角度。

国际汉语教学模式框架的初步模式在本章对美国名校在华汉语教学模式的个案研究中得到逐步细化。教学设计的实施离不开教学管理措施的保障。精英式强化教学模式的实施对教师和学生都有很高的要求。下一章将分析阐述精英式强化教学模式的实现条件，并从教学模式的实现条件入手，分析美国在华汉语项目中的管理体系构架、策略及作用。

第三章　精英式强化教学模式的实现条件及管理体系

教学模式的价值在于应用性，如果只有设计者本人能够应用，那么这个教学模式的应用价值无疑是不大的。一直以来，关于教学模式的研究，很少明确提出实现某种教学模式的设计对于教师在教学意识和行为上的要求，更少关注对学生学习意识和行为的要求。实施者即为设计者的教学模式，是从实施者本身的角度考虑的，可以说是量身定制。教师能够达到教学模式的要求毋庸置疑。然而，课堂教学的效果受到很多因素的影响，学生对教学模式的熟悉和接受程度、课堂气氛、师生关系、学生对教学内容的熟悉程度、师生的个人因素等。这些因素当中，有的是可预期的，也有的是不可预期的。那么可预期的这些因素，比方说课堂气氛、师生关系、学生对教学内容的熟悉程度等，是可以通过管理来实现预期的。教学的管理常常被看作行政的一部分，作为教师往往对此关注不够。

管理是指通过计划、组织、指挥、协调、控制等职能为要素组成的一系列活动过程。不难发现以强化为手段，以培养精英为目的的精英式强化教学模式对教师和学生的要求都很高。教师和学生都要做到“有备而来”，教师尽量“少讲”，而学生随时随地都要“多练”。要达到这样的要求，只靠教师和学生的自觉、自律显然是不太可能的。因此美国名校在华汉语项目都制定了一系列相应的管理措施，而且以严格、高效的管理风格而著称。

本章从学生、教师和教学环境三个方面对精英式强化教学模式的实现条件进行了分析，并从学生管理、教师管理和教学环境管理三个方面对精英式强化教学模式的管理体系进行了阐释。

精英式强化教学模式的实现条件

<table>
<tr><td rowspan="3">内部条件</td><td>学生
“有备”
“多练”</td><td>1. 课后作业
复习作业和预习，学生要花费4～8小时来完成。
2. 课堂行为
（1）整句回答、发音标准、语法正确、用法得体；（2）学生在课堂上还应该积极配合教师，不怕纠错，敢于使用新的语言点，主动表达自己的看法。
3. 参加课外活动</td></tr>
<tr><td>教师
“有备”
“精讲”</td><td>工作量
1. 备课“备课备到每一句话”
2. 课堂教学行为
3. 课外活动的组织和实施</td></tr>
<tr><td>教学环境</td><td>1. 语言环境：沉浸式的语言教学环境
2. 课堂气氛：鼓励型
3. 组织氛围：融洽的组织氛围，形成互相学习、团队协作的精神</td></tr>
<tr><td rowspan="4">外部条件</td><td>语言环境</td><td>中国的高校，尤其在北京的高校</td></tr>
<tr><td>教学对象</td><td>大部分来自各个美国名校的中文系的本科大学生</td></tr>
<tr><td>基本师资</td><td>1. 曾在各个美国名校中文系或者美国明德暑校中任教的资深教师
2. 新教师</td></tr>
<tr><td>机构运作</td><td>美方主导的合作形式</td></tr>
</table>

精英式强化教学模式的管理体系

<table>
<tr><td>学生管理</td><td>1. 学业评价（安置性评价；形成性评价—听写、课堂表现、作业、作文和口头报告、周考；终结性评价）
2. 教师评价
3. 教学管理评价</td></tr>
<tr><td>教师管理</td><td>1. 教师岗前培训
2. 集体备课
3. 听课评课制度
4. 教师评价制度</td></tr>
</table>

续表

教学环境管理	1. 语言环境管理——语言誓约 2. 课堂环境管理 有形的物质环境管理——主要是不同课型中座位的安排； 无形的心理环境管理——人际关系管理；组织环境管理；课堂气氛管理 课堂环境管理策略：(1) 集体活动促进密切交往；(2) 重视跨文化交际促进相互理解；(3) 真诚对话促进平等交流；(4) 共同分享增强群体凝聚力；(5) 传达期望形成群体行为规范；(6) 良性竞争形成群体动力。 3. 组织气氛管理——薪酬制度（(1) 可获酬劳的教学活动类型 (2) 定薪制 (3) 培训支薪）；激励机制（以精神激励为主，物质激励为辅）；教师评价

第一节　精英式强化教学模式的实现条件

美国名校在华汉语项目之所以都取得了不错的教学效果，用一句话来概括，那就是因为“学生每一分钟都在学汉语，教师备课备到每一句话”。这也就是精英式强化教学模式对师生行为的要求。本书从对学生学习行为、教师教学行为和教学环境三个方面对实施精英式强化教学模式的具体要求做了如下归纳。

一、实现条件之对学生学习行为的要求

美国名校在华汉语项目对学生学习行为的要求就是上课前有备而来，课上课下随时都在说汉语，简而言之就是“有备”和“多练”两点。“有备”是“多练”的前提，“多练”是“有备”的体现。

对于学生来说，这种教学模式实际上是在培养学生一种学习的模式或习惯。美国名校在华项目每日的学习安排是比较有规律的，没有太大的变化；相对固定的模式有助于学生习惯的养成。比如，每天的句型单会提前一周发给学生，帮助学生提前预习。

重点词汇会在句型单上标出，以便学生为听写做准备；老师在课上的提问也一定会围绕着这些重点生词和定式。

那么精英式强化教学模式在培养学生一种什么样的学习习惯，具体对学生有哪些方面的要求呢？本书从课后作业、课堂行为和参加课外活动这三个方面进行了具体阐述。

（一）关于课后作业

课后作业分为两个部分，复习作业和预习，学生要花费4～8小时来完成。

复习作业的量一般为 1～3 个小时。作业一般出自课后练习，基本都是语言形式的复习作业，比如翻译、回答问题等。有时还会有视频作业，让学生观看后回答问题。每周的作文是花费时间最长的，一般需要 2 小时以上。

课前充分预习是美国名校在华汉语项目学生行为的一个特色。根据观察和访谈，我们发现学生平常至少需要 3 个小时进行预习，有时候有报告或准备考试，则需要更长的时间。例如 ACC 项目的一个学生说，他每天至少需要一个小时看课文，一个小时看生词，还有一个小时准备讨论课。学生的预习，主要包括讨论课作业和生词、语法、课文等。听、说、读、写四个方面，学生都会自己提前进行准备。不过，各个汉语项目并没有向学生明确提出针对不同课型做不同准备的具体要求。

学生预习的程度大致可以在学生听写和大班课回答教学提问的表现中体现出来。精英式强化教学模式的课堂教学中没有单独处理生词和新语法的环节，学生预习充分，在大班课上才能够基本听懂。小班课练习重点句型，大班课听懂了，那么小班课上才跟得上教师练习的节奏。从学生平时的课堂表现来看，绝大多数学生都在课前做了充分的准备。

PIB 和 DSIC 的讨论课和单班课一般只进行讨论，基本是与课文内容直接相关的话题，学生不太需要准备。不过，讨论课有时可能会讨论某些学生平时不太了解或不感兴趣的话题，这就需要学生提前了解相关的背景知识，那么学生预习的时候还要需要看一些相关的阅读材料。

ACC 项目要求学生写讨论课预习作业。只有通过准备，学生才有可能讨论得比较热烈、深入一些。讨论课的预习作业相对较多。每位学生课前都会拿到一张讨论课的作业纸，上面写有书面和口头两类作业的具体要求。讨论课作业纸上除了预习的内容外，有时还会根据课文内容提出一个相关的任务。比如，在侦探故事课后，会有关于“你觉得故事中凶手是谁”、“凶手杀人的动机是什么”这种写作的作业。它的目的在于，让学生在课后对课上讨论的内容能做进一步的分析和归纳，并以书面形式输出。据 ACC 项目的老师观察，通常情况下，讨论课的作业学生都完成得不错。

预习可以提高课堂学习的效率，然而如何让学生自觉而高质量地完成预习却是每一位国际汉语教师都会遇到的问题。美国名校在华汉语项目中学生良好的预习行为固然与学生本身的素质和学习动机有关，但更为重要的因素是系统而完善的学生管理体系产生的效果。下文中将就此进行详细的分析。

（二）关于课堂行为

在美国名校在华汉语项目中学习的大部分学生都很清楚在课上回答问题时的要求。整句回答、发音标准、语法正确、用法得体是在语言上的要求，学生在课堂上还应该积极配合教师，不怕纠错，敢于使用新的语言点，主动表达自己的看法。

ACC 的讨论课对学生的要求有所不同。因为以往的讨论课大多由老师主导，造成了学生自己不太会提问的情况。因此，ACC 项目 2013 年春季学期的讨论课出现了一个新的形式：每节课由一位学生充当老师的角色来主导课堂，通过自己的提问来引导其他学生参与讨论。尝试新形式的初衷，是培养或训练学生的提问能力。学生对这种形式给予了较好的反馈，但为了避免又进入一个固定模式化的状态，讨论课并没有每节都采用这样的形式。通过观察和访谈可以发现，在讨论课上，学生大都比较清楚自己的任务，比如认真听其他人的看法并给予评价，提出问题或表达自己的观点等。当课堂中出现了学生提问能力较差的情况时，需要老师及时引出一个适当话题，以避免尴尬气氛出现。

为了让学生了解项目对于学生课堂行为的要求，各个项目在学期前的新生会议和各年级的介绍会议中，都会对老师的基本手势、回答整句等相关要求有所说明。学期开始时，遇到有学生说短句的情况，老师会及时提醒；开学一周后，学生们基本都能理解并达到要求。然而要让学生在密集强化、高度紧张的学习全程中坚持对自身行为的高要求，却不是一件容易的事，需要一系列管理措施的配合。

（三）关于参加课外活动

参加课外活动既是为了课外的“多练”，也是为了课堂上的“有备”而来。同时，参加课外活动学生也需要“有备”而去，在语言方面要做好相关语言知识的储备，在思想上也要做好遇到和自己想象中不一样的事情、人和思想的准备。以语言实践为例，学生应该先准备好要问的问题。在与中国人交谈的时候，要确保交谈对象能听懂自己想问的问题，而且还要能够听懂交谈对象想表达的意思，并且记录下来。因为每一次的语言实践活动都有后续的语言任务要完成，如书面作文、口头报告等。

课外活动每周都有，语言实践活动和语伴交谈是需要学生提前准备的，中文桌子、访问中国家庭、文化考察等活动耗时较长，再加上每天 4～5 个小时的高强度课堂学习，4～8 个小时的课后学习时间，学生几乎所有的时间都在学习和使用中文。也就是说，精英式强化教学模式需要学生投入几乎全部的时间和精力，能够承受高强度、快节奏汉语学习带来的巨大压力，这是保证精英式强化教学模式良好效果的实现条件之一。美国名校在华汉语项目的学生素质较高是精英式强化教学模式能够实施的原因之一，也是这个模式产生的基础，但是高效、严格的管理系统同样是该模式能够顺利实施的保障。

二、实现条件之对教师的要求

美国名校在华汉语项目对于教师的要求是“有备”和“精讲”。“有备”就可以“精讲”，而让学生“多练”。具体的要求主要表现在以下四个方面：

（一）关于工作量

美国名校在华汉语项目中的教师，工作量一般都很大。在 PIB 项目，一个教师一天最多的工作时间近 11 个小时，即上午 2 节大班课、1 节小班课、1 节讨论课，下午 3 节单班课，然后还有 2 个小时的备课会，晚上再加 2 个小时的值班时间。DSIC 的上课时间要短些，一般最多四个小时，但几乎每天下午都有备课会，一直到 6 点左右，晚上还有值班时间。

在 ACC 项目，除了组长和两个助理外，每个老师每天要上四节课，包括单班课和讨论课。同年级的教师，每天 14：30 下课后会到固定的教室集体改作业。每周一和周五开备课会，周一备周三、周四两天，周五备周一、周二两天。通常下午改完作业后，老师会留在主教室内，对明天的授课内容和方法进行讨论，并讨论一下当天上课的问题，再做出调整。

除去教学时间，教师还要带语言实践，参与周末活动，参加中文桌子，准备学生的分班表、句型单、课程表等，准备备课材料，准备考题，批改听写、作业、作文和试卷。

（二）关于备课

美国名校在华汉语项目基本上都采取了以课文为核心的课堂教学模式，课堂里几乎所有的教学活动和行为都是围绕着课文进行的。这要求教师对授课内容非常熟悉，备课需要十分细致，包括课文的逻辑线索、语言知识的重点和难点、讲解的角度、设计的每一个例句，甚至是每一个例句的问法、难度适合提问哪一个学生。

较之于讨论课和单班课，大、小班课对教师备考方面的要求更高。但一言以蔽之，美国名校在华汉语项目对教师备课的要求就是“备课备到每一句话”。

1. 大班课备课要求

大班课对任课教师的要求很高，不但要求教师基本素质好，背景知识渊博，语法基础扎实，教学经验丰富，而且还要求教师能够讲练结合，重点突出，讲解深入浅出，清晰明了，因此一般由教学经验丰富而且十分熟悉教学模式的教师担任。

教师准备大班课，需要对课文结构十分熟悉。因为大班课是按课文的逻辑线索以串讲故事的形式进行授课的，所以需要老师能够通过提问把理解课文内容和讲练语言点进行巧妙的串联和过渡。对于一些重要的语法点和生成性较强的结构，教师在课前要非常清楚，如何用简单明了的语言进行解释，要给出什么例句，以及提问引导的方式。由于大班课上教师一般没有时间看教案，所以几乎每一个提问都要记住。而且各个项目一般都没有事先整理过的大班课备课材料作为提示。因此相对而言，大班教师的备课量是最大的。

ACC 项目的一位资深教师说，ACC 项目的大班课使用主题导入法，这种方法要求任课教师在备课时有高度归纳能力，能巧妙地利用课文的内在逻辑关系串联重点句型和词汇。她备大班课时，会自己先读一遍课文，然后逐个查看课后对应的生词和语法。先主要看重点、难点，逐个思考如何讲解重点、语言点等，如“寄托”——把感情、爱、希望寄托在人或物上，然后一一设计例句，最后再完整串一遍课文。作为负责的教师，备课会前还要回忆以往的授课经验，针对之前出现过的问题，进行相关的完善和调整，以避免类似问题的出现。在实际准备的时候，自己得又当老师又当学生，自问自答，从学生回答的角度来逐一调整每一个问题的问法。这个过程通常对于资深教师来说，每天也需要 2 到 3 个小时才能完成。新手教师则需要更长的时间来准备，甚至是一倍的时间。

2. 小班课备课要求

现在各个项目基本上都会为小班课的教师提供一份相对成熟的备课材料。但由于每人的授课风格不同，小班课教师备课时仍需要根据自己的提问习惯或逻辑顺序，对备课材料进行再次调整。

以小班课为例，小班课的课堂节奏快，对教师语言的要求非常高。每节课 50 分钟，练习 10～12 个重点句型，平均每个句型不到 5 分钟。也就是说，每一个提问要在 1 分钟内完成，包括提问、点唱、纠错和齐唱等步骤。如此快节奏的操练，教师一般是没有时间看教案的。因此得非常熟悉备课单上的内容，能够做到在几个关键词的提醒下可以迅速记起要提的问题。但更为重要的是，提问要简洁明了，易于理解。尤其是在二年级，大部分学生的听力水平有限，老师简洁的语言更有助于学生们抓住重点。

对于新手老师而言，他们备小班课不仅是备课备到每一句话，而且是要记住每一句话。新手教师备小班课的难度与资深教师备大班课大致相同，每天所花费的时间也是 2～3 小时。

3. 讨论课和单班课的备课

讨论课和单班课的教师一般都是新手教师，不担任大班课，但准备讨论课和单班课，同样也要先了解课文内容。备课时也需要了解课文分为哪几个主题，整理出相互关联的主题模块，然后才能更好地选择不同主题下可讨论的话题。

讨论的话题基于课文，但不同于课文。以课文“单亲家庭”为例，文中描写了一个中国的单亲家庭，讨论课会从最相关的问题开始，如“中国出现了单亲家庭现象，中国的单亲家庭是什么样子？”过渡到“美国有没有单亲家庭？单亲家庭的数量是不是越来越多？美国单亲家庭的形成原因是什么？”等相关性较高的话题。进一步讨论的话题会与课文的内容有一定的关系，但并不直接相关，如“独生子女越来越多，以及改革开放对人们思想观念的影响”，“美国政府有没有限制人们离婚的方案”。同时还要跳出课文进行讨论，如“离婚对孩子的影响，美国孩子在父母离婚后会出现的变化，性格会不会出现问题，犯罪率会不会上升，如何解决这样的问题”等等。

教师在备课时，首先要从美国学生的文化背景出发，思考哪些问题能引起该班学生讨论的兴趣，以学生的语言水平能够谈论到什么程度，可能会遇到什么样的困难或敏感话题。而难度更大的是，要事先设想，每一个讨论话题可以用到哪些新学的语言点，如何巧妙地把新的或者已学过的语言点带入讨论当中去。每个班的学生之间语言水平和性格都有一定差异。即使有了统一的备课材料，教师备课有时候还得考虑具体的讨论问题是否适合自己将要面对的学生。

这就要求教师不但对课文内容、重点语言点了如指掌，而且还要了解美国名校大学生大致的文化特点和思维习惯，更要对每个学生的背景和个性有所了解。对于较大的项目，一个年级通常有好几十个学生，在短短几周内要做到这一点，并非易事。

ACC 项目单班课有“过课文”的环节，DSIC 项目有“朗读”的环节，这两个环节都是课文内容和语言点的复习环节，采用了相似的思路和步骤来进行。教师备课时，课文内容、重点句型和生词必须认真准备，熟记于心，并能根据课文内容设计出合适的“平行话题”，让学生多开口说。美国名校在华汉语项目一般都有较为成熟的“句型单”，教师备课时需要根据句型单在课文内标注出重点句，并在头脑中形成课文内容的摘要。这样在进行复习环节时，才能适时恰当地使用摘要中的句型和生词。因此，在 ACC

项目教师准备单班课也需要花费大量时间。

总而言之，精英式强化教学模式对教师本身素质要求很高。教师不但要为备课投入大量的时间和精力，还需要不断积累相关的知识，更重要的是得具备很强的敬业精神。美国名校在华汉语项目的工作强度、压力都非常大，只靠自觉性是无法保证教师对备课的投入的。因此，精英式强化教学模式的实现与严格、科学的师资管理是分不开的。

（三）关于课堂教学行为

精英式强化教学模式大小班配合的课型安排，要求课程进度高度统一。所有教师必须在规定的时间内高质量地完成教学任务。因此，美国名校在华语言项目对课堂时间管理的要求很高。虽然课型不同，教师的任务和角色也各有不同，对课堂教学行为的要求也不完全一样，但最为基本的要求是一致的。例如，教师需要时刻注意课堂内的时间分配，不仅要做到教师“精讲”“少讲”，学生“多练”“多说”，而且还要尽量平衡学生之间的话量。

再如，ACC 项目在培训手册中明确提出大班教师在教学时得注意做到四个准确：

（1）发音准确；

（2）语法解释准确；

（3）用词准确；

（4）例句准确，以便向学生提供最佳的范句。

这四个准确同样是 PIB 和 DSIC 对全体教师最基本的要求。

不仅如此，课堂上教师说的每句话都应该是有意义的，要用上新的语言点来作为学生语言习得的输入源。

大小班课上，教学任务重，节奏快，课堂上凡是多余的动作、话语都要尽量避免，教师的课堂指令要清楚明确。因此在这些项目的教师培训中会常常听到的话就是：不能有废话。

不难看出，精英式强化教学模式要取得良好的教学效果，要求教师具有非常高的课堂时效意识、教学技巧熟练、课堂用语简洁准确、课堂指令简短明确。良好的课堂管理能力是精英式强化教学模式必要的实现条件。然而在高强度工作状态下一直保持优质高效的课堂教学质量并非易事，教师不能有丝毫懈怠。再加上，美国名校在华汉语项目的师资中有很大比例的新手教师，因此教学管理在精英式强化教学模式的实施过程中起着很重要的作用。

（四）关于课外活动的组织和实施

对于美国名校在华汉语项目中的教师来说，每一次课外活动都不是可以只是作为参与者而轻轻松松地去参加的。教师是课外活动的主要组织者和参与者，每一位教师都有任务要完成，都是必须认真对待的工作。即使是看起来最为轻松的中文桌子，教师也丝毫不能松懈，最为常见的抱怨就是："我根本没有吃饱。"这是因为教师在进餐的过程中，必须不断找话题与学生交流，并且注意纠正学生的错误，而且还要引导学生使用已经学过的语言知识，根本就无暇注意自己吃了什么、吃了多少。

语言实践活动对教师的要求更高，ACC 项目对组织语言实践活动的基本要求举例如下：

1. 设计活动时，负责老师应注意活动的语言意义、交流意义、交际意义和实际意义。如果这四个方面的回答能统一、圆满，再进行下一步的问题设计，问题设计完后要在备课会上提出，由全体老师进行讨论定稿；

2. 参加语言实践的老师要积极协助组织工作，鼓励学生参与活动，但不要代替学生问问题，也不要抢答学生的问题，要尽量鼓励学生自己回答问题。在采访时，要注意让学生分组进行采访，避免出现多对一式的采访，也可避免每个学生在作文内容上的重复。

3. 注意让学生使用采访、观察、讨论三种形式的活动，即活动内容既要将学生分成小组直接跟中国人进行交流，又让学生有时间观察了解整体情况，最后还提供机会让学生和其他同学及有关的中国人进行座谈讨论。

4. 在设计语言实践问题时要先了解一下学生的兴趣及背景，从学生的角度出发设计问题，例如：什么问题最能帮助学生了解中国的实情，什么问题学生最有兴趣，愿意详细了解，什么问题让学生能练习与中国人交流自己的生活或经验，什么问题让学生能很快进入采访情境，诸如此类都是值得注意的问题。

可以看出，组织语言实践活动需要教师投入的时间和精力并不少，而且对于教师的组织、协调能力的要求也不低，对教师的行为也有明确的要求。每一次的课外活动都与课堂教学和课程安排有着直接或间接的关系，教师能否按照要求组织课外活动对教学效果会有影响，因此在课外活动中教师合乎要求的行为也是精英式强化教学模式的实现条件之一。

三、实现条件之对教学环境的要求

（一）关于语言环境

沉浸式的语言教学环境是精英式强化教学模式对教学环境的要求。学生每一分钟都在学习汉语，那么就需要一个汉语的语言环境。这不是简单的目的语环境就能满足的。在这个环境里，用于交际的语言应该是汉语，每个人使用汉语进行交流，这是最起码的要求。语言誓约便是为了满足教学模式对于语言环境的要求而采取的管理措施。这个管理措施需要师生共同遵守才可能发挥作用。

学生还要完成真实的语言交际任务，要能够有适当的场所和对象进行语言实践活动；能够有渠道了解中国人、中国家庭真实的生活；要了解中国的传统文化和现代文明。这些都是与学生在课堂上的表现有关，同时又是复习、活用、巩固课堂上所学语言知识必要的条件。这些必要的条件需要教学机构和教师去创造。

（二）关于课堂气氛

总体说来，美国名校在华语言项目的课堂教学风格属于鼓励型，更像美式课堂。老师要微笑教学，鼓励学生在课堂上多说，而非中国文化中的批评式教育。

只有在相对轻松的课堂气氛中，学生才能承受不断被教师纠错，不断和其他学生比较的心理压力。情感教学的研究指出，学生只有先感觉到了安全，才会产生学习行为。这是基于马斯洛的需求理论，安全是人最低级别的需要，而在语言课堂上，就意味着学生不需要担心说错。

轻松安全的课堂气氛，不仅是精英式强化教学模式的教学对象所决定的，同时也是密集的课程安排和高强度、快节奏的课堂节奏必需的。否则长期处于高压状态下，学生是很难保持学习兴趣的。然而这种课堂气氛，是需要一系列的课堂管理措施才能实现的。

（三）关于组织氛围

工作量大，要顺利完成教学任务，还要在课堂上营造轻松的交流气氛，教师无疑承担着很大的心理压力。这就需要融洽的组织氛围，形成互相学习、团队协作的精神。

比方说，DSIC 项目的工作氛围相对轻松，同事之间的关系也比较融洽，遇到问题，像朋友一样相互帮助。老师们平时或在备课会上常常在一起交流上课。如果出现某个不太合作的学生，老师之间也会相互提醒，比如上课时应该多注意什么问题，或避免和他讨论什么问题。

教师的敬业精神、团队协作，融洽和谐的组织氛围对于一个高强度的语言项目是非常重要的，这一实现条件需要一系列教学管理的措施才能达到。

四、精英式强化教学模式实现的外部条件

教学模式实现的外部条件指的是构建教学模式时所考虑的教

学对象、环境、师资及教学机构的基本特点。

精英式强化教学模式实现的外部条件，实际上就是美国名校在华汉语项目的办学条件、语言环境、教学对象、基本师资、机构运作方面的条件。因在前文中已有详述，这里只做简要概括。

（一）语言环境

办学地点一般选择在中国的高校。高校是中国普通话使用率最高的区域，尤其在北京的高校。从表面上看，目的语环境这个教学条件似乎很容易满足。然而，目的语环境并不仅仅是指外在的语言环境，更为重要的是师生和生生之间的交流是否使用目的语，学生在课外是否也使用目的语，而这则需要教学管理来实现。

（二）教学对象

如前所述，美国名校在华汉语项目中的学生绝大部分是美国本科大学生，其中大部分来自各个美国名校的中文系。学习动机强、学习自觉性高、乐于表现自我、思维活跃、母语背景相似，是构建精英式强化教学模式所针对的教学对象的基本特点。

（三）基本师资

美国名校在华汉语项目有较为稳定的师资来源，其中最重要的是有一批曾在各个美国名校中文系或者美国明德暑校中任教的资深教师。这些教师的存在是精英式强化教学模式成为美国名校在华汉语项目的选择最重要的原因。资深教师，或者说专家型教师，在精英式强化教学模式中不仅承担着树立教学行为规范，保证教学质量的重任，同时也是岗前培训的培训师，引导新教师了解、熟悉并掌握教学模式，确保教学模式得以顺利实施。

（四）机构运作

美国名校在华汉语项目基本采取了美方主导的合作形式。项目主任的权力较大，项目拥有独立的财务权和人事任免权，在项目资金运作和教师聘任方面自由度很大。教学和管理上都有话语权，才能实施高标准、严要求的精英式强化教学模式。

以上这些条件是精英式强化教学模式得以实施的外部条件。然而与外部条件相比，内部条件——教学对象（学生）、教学模式实施者（教师）和教学环境——对于教学模式的有效实施更为重要。而这些“内部条件”的创造和保持，需要依赖系统而合理的管理措施来实现。这也是接下来的三节将要阐述的内容。

第二节　精英式强化教学模式的学生管理

学生管理的目的是让学生的学习行为符合教学模式的实现条件。上节分析了精英式强化教学模式的实现条件，发现精英式强化教学模式无论是对于学生的学习行为、教师的教学行为和教学环境都有着非常高的要求。只有满足了这些要求，精英式教学模式的教学原则和教学策略才能够发挥其应有的作用。

美国名校在华汉语项目对学生学习行为的要求是上课前有备而来，课上课下随时都在说汉语，简而言之就是“有备”和“多练”两点。具体表现为预习时间长、作业量大、语言输出标准高、课堂表现积极、课外活动有备而去。学生是如何达到这些要求的呢？通过观察，我们发现美国名校在华汉语项目主要是依靠学业评价来管理学生的学习行为，并且基本能够实现管理目标。

一、学业评价与教学评价

教学评价是汉语教学一个重要的组成部分，教学评价关系着汉语教学的效果和教学目标的实现，可以帮助教师及时发现教学中的问题，并做出适时的调整和改进。学生在汉语学习上的表现作为教学评价的对象就是学业评价，学业评价、教师评价和教学管理评价三个部分构成了教学评价的整体。三种评价的对象不同、方法不同、内容不同，但都是为了教学模式的实施者能够做出有利于汉语的教或学的决策，提高汉语教学的质量。

二、精英式强化教学模式的学业评价目的

学业评价的目的是帮助学生掌握自己的学习情况，同时帮助教师了解学生对课堂教学内容的掌握程度，及时调整教学进度和内容，促进学生的汉语学习。精英式强化教学模式的学业评价体系复杂而细致，这与课程的设置和对老师的要求有关。学生每天的生词量为 80～100 个，句型 10 个左右。如果评价体系没有这么细化，可能成绩只能显现整体的考察结果，而无法准确体现学生某天具体的课堂准备和课堂表现情况，比较模糊。严格和细致的形成性评价，可以敦促学生自觉学习每天的生词、语法，更好地理解课文，做到“有备而来”。

三、精英式强化教学模式的学业评价方法

精英式强化教学模式的学业评价体系是个较为复杂的系统，评价方法总的来说是一种综合性的相对评价，没有确定一个客观标准来评价学生的表现，而是通过对学生汉语学习各个方面的表现进行综合考察，并考虑学生个体在整个集合总体中的位置，以及与其他学生的相对位置。例如，先在单项评价的基础上汇总，根据比例划分出 ABCDE 等不同的标准，然后确定一个学生是“A”的水平还是“B”的水平，再给出具体的分数。

评价的具体方法既采用测试和考试的测量方法，也采用观察、讨论等非测量方法，考试的主要类型是成绩测验。

评价的主体是教师，学生可以对评价结果提出疑问。

四、精英式强化教学模式学业评价体系的构成要素

精英式强化教学模式的学业评价体系综合运用了安置性评价、形成性评价和终结性评价。每个年级在学期初会有师生见面会，

在这个会上学生可以了解到自己的学习成绩详细的构成情况。

（一）安置性评价

在项目开始之前，学生都要先参加一个分班考试。分班考试的目的是对学生的汉语现状作出判断。分班考试的试题有客观题和主观题两种，客观题包括听力、阅读以及词汇语法的考查，主观题是命题作文和口试。分班考试后以客观题的测试成绩判断学生应该进入的年级，主观题可以不判分，作为判断分班的参考。

这套试题与所学内容无关，有时也会用于在学期结束以后测试学习者的进步程度。ACC 还开始引进 OPI（Oral Proficiency Interview）的考试形式在项目结束后为学习者测试口语能力。

分班考试的成绩不计入总评成绩，但作为期后测验的对比，也会给学生，让学生能够更为清晰地了解自己学业上的进步程度。

（二）形成性评价

形成性评价是指在汉语教学活动进行过程中，对汉语学习活动本身的效果所进行的价值判断。[①] 精英式强化教学模式的形成性评价大致由听写、课堂表现、作业、作文及口头报告、周考这五部分组成。每天的听写、作业和作文成绩都会在当天及时反馈给学生，学生可以根据自己的分数，大致算出最后的成绩。

1. 听写

听写考查学生对当课的准备程度，检查学生在前一晚是否对课文进行了好好的准备。听写主要针对的是课文的生词和句子，每次从课文中选择两个有代表性的且包含重点句型的句子。要准备好听写，学生首先要看会生词、看懂重点句型，并看过课文。包括拼音、声调，汉字等，所有的内容都加在一起，才能准备好听写。

关于听写的批改，三个项目的批改细节不一样，但都采取标

---

① 杨翼．汉语教学评价［M］．北京：北京语言大学出版社，2008：24.

准化的评分方式。如满分 10 分，错一个字扣 0.1 分，错一个拼音扣 0.05 分。由于教师都是轮流批改听写，这样的评分方式可以保证公平、准确。

2. 课堂表现

课堂表现和出勤一般会合并在一起。缺勤一次会根据具体情况相对严格地扣除固定分数。课堂表现成绩评定弹性较大，是根据学生在大班、小班、讨论和单班这四类课型中的表现，要看学生是否在上课前做好充分准备。ACC 讨论课的课堂表现分，包含在作业的分数中，其他的课堂表现综合在一起作为课堂表现的评价内容。课堂表现分数，由教师集体讨论给出。

课堂表现的成绩评定采取了模糊评价的方式，是教师有发言权、弹性相对较大的评价内容。它的目的不在于对于学生成绩的调控，而像其他成绩一样也属于总评成绩中的一个分项，主要是关于学生学习态度的一种评估。

有时会出现学生考试成绩与课堂表现不相符的情况。比如，更注重听说的学生可能不会花太多时间和精力在准备考试上。当学生对自己的成绩有质疑时，老师通常能够给出较为合理的解释。

ACC 的平时课堂表现评价成绩也由教师集体讨论来评定，但主要讨论学生的学习态度，如果学习态度较差学生将会被扣 10～50 分不等。但通常学生不会被扣分，且该成绩在总分中所占比例不大，对总评成绩影响不大。

3. 作业

作业分为预习作业和复习作业。预习的作业主要是讨论课的作业。讨论课的作业分为口头和书面两部分。讨论课的课堂表现分会帮助学生做好在课上发言的准备。复习的作业基本是语言形式的复习，以书面形式为主，也包括录音等。前期任务、课堂任务，加上后期检测，可以形成一个更为完整的体系。

PIB 和 DSIC 一般只有复习作业，即课后的语法作业，而 ACC

的作业包括讨论课作业和课后语法作业这两部分。

课后作业的形式多种多样，包括翻译、选择、回答问题、视频和网络作业（不需手写，邮件交流）等等。

语法作业的评分方式有两种：客观部分，按正确答案给分；主观部分，评分标准相对模糊。

讨论课作业的评分也分为两个部分，一个是书面作业，一个是讨论课的课堂表现。讨论课要求学生的互动，所以学生的课前准备对于讨论课更为重要。课堂表现主要看学生在课上与其他同学讨论互动的积极性。如果学生一直保持沉默，那么这堂讨论课的表现分就会被扣掉很多。书面作业通常要求学生用规定句型完成至少五到十个句子，能够达到要求的学生成绩一般都会在 90 分以上；如果错误较多可以适当扣分。

4. 作文和口头报告

作文和口头报告的内容是相同的。如周一留作文作业，周二学生上交，周四学生根据作文做一个口头报告，其他学生根据报告内容提出问题。

PIB 和 DSIC 的作文一般是语言实践的书面报告，每周一次，与当周课文中的某一个话题有关，如交通拥堵问题。通过作文可以让学生将课文中学过的生词和语法运用到写作当中，同时表达出自己对于话题的看法。

ACC 的每个学期十二周，共有四至五次作文，约三周一次。如周考一样，每次的作文也像一次总结。ACC 学生的作文题目通常也与某篇课文的内容相关，通常为给材料作文，先给学生一段四五百字的介绍性文章，然后让学生根据其内容表达出自己的观点，题目自拟。每次作文会给学生提出清楚的写作要求，应该至少包括三四个部分，如：看完这篇文章你自己的感受是什么；请你讲一件你碰到过的类似的事情；你认为有什么方法可以解决这个问题。较为清楚的写作要求可以让学生更好着手，也不会出现有的学生作文内容过于偏离话题的情况，话题统一便于老师进行分数的评定。

口头报告的成绩主要从学生做报告的能力、回答提问的能力和向别人提问的能力这三个方面考量。当天下午，两个一起听报考的老师经过讨论给出分数。学生在拿到当天的作业反馈时，就能看到写在上面的关于报告的分数。

另外，ACC 一学期还有三四次口录作业。口录作业，通常是给学生提出两个与课文内容相关的小问题，让学生二择其一，准备 1～2 分钟后即席回答，老师根据学生的回答情况进行打分。

作文或报告这种主观评分作业，教师会进行较为详细的分项评分。评分标准会从语言形式（生词、句型、语法）、内容完整性和错误率等方面进行考虑。口头报告的评分还包括发音和流利程度等内容。实际上评分标准是相对的，即学生之间会存在一个横向的比较。

教师在给主观分时，标准比较模糊。譬如，设定 80 分为一条标准线，凡满足要求的作文，如内容完整、字数不少、表达清楚，成绩就可以在 80 分以上；如果作文缺少部分内容，没有达到要求，就在 80 分以下；更差的作文为 60～70 分。满足要求，但语法错误较多、逻辑较乱的作文在 80～85 分之间；达到要求，且语法和逻辑较好的在 85～90 之间；90 分以上为精彩作文，即完全符合老师要求，语法错误相对较少，生词和句型应用较多，并且较有思想深度，能分析出一些问题。同时使用作文打分表，根据“是否完成任务”“语法的使用”“逻辑和结构”“错字和错误的标点”（如错字 6 个以内给 3.5～4 分，按错误率给分），“已学和未学生词的使用”等情况，分为 1、2、3、4 四个分数档。

学生可以通过作文评分表看到自己作文成绩的构成，教师还会写出相应的评语告诉学生哪些方面做得好，而哪些方面需要改进。

5. 周考

周考和期中、期末考试一样，都是为了督促学生进行整体复习。每星期一个小循环，四星期或八星期复习一个大循环。

客观型考题，评分较易掌握。对于翻译和句型回答问题这类考题，要求学生必须使用相关生词和句型。关于翻译题，如果学生的翻译意思正确但没有用规定的词句，也会扣除相应的分数，每个句型扣1分，每个生词扣0.5分。关于句型回答问题，要求学生用四至五个句型来回答问题，若少用一个句型，将扣掉2分，出现结构性错误扣0.2分，一个错字扣0.1分；另外，每题的逻辑性占1分。考试前老师会将这些要求清楚地告知学生。

考试中的作文基本与平时作文的评分标准和方式一致。教师也写评语。口试也和口头报告的评分标准及方式一致。ACC只在期中和期末的时候各有一次口试，平时考试时没有口试，而PIB和ACC则每次周考都有。

（三）终结性评价

美国名校在华汉语项目给学生的总成绩由形成性评价各个部分的成绩、期中考试成绩和期末考试成绩三个部分组成。在各个项目里，每个部分在总结性评价当中所占分值不同。长期项目和短期项目一般只是在学分的多少有区别，评价方式和内容没有太大区别。以DSIC春季项目为例，各个部分所占比例如表3-1。

表3-1　2009年DSIC春季项目成绩评定标准表

期中成绩		期末成绩	
听写	15%	听写	15%
功课	15%	功课	15%
周考	35%	周考	35%
期中口试	8%	期末笔试	8%
期中笔试	12%	期末口试	12%
语伴见面	5%	语伴见面	5%
出勤	10%	出勤	10%

最后的成绩形式由等级和分数两种组合而成，一般来说，与美国大学的成绩形式一致，每个等级的分数区间可稍微调整。

表 3-2　2008 年 DSIC 暑期项目最终成绩区间表

A	A-	B+	B	B-	C+
97-93	92-90	89-87	86-83	82-80	79-77

在项目开始的导向会上会告诉学生最终成绩的构成。PIB 和 DSIC 的最后总评成绩由全体教师一起讨论决定。若学生成绩过低，不能反映学生们平时真正的学习情况和语言水平，总评成绩将会相应向上调整。

ACC 学生总评成绩，根据每学期的具体情况，各个部分评价比重会略有调整。一般情况为：听写 15%，日常作业 10%～15%，周考 30% 左右，作文 30% 左右，课堂表现 5%～8%，出勤 5%～8%。

ACC 最后的总评成绩将会由年级组长和副组长在期后培训后计算出来，一般不再做调整，除非学生的成绩无法过及格线。教师们在访谈中均表示最后的总成绩基本与学生平时表现出的语言水平和语言能力相符。

五、精英式强化教学模式的学生学业评价体系框架

精英式强化教学模式的学生学业评价体系面向学生汉语学习全过程，综合多种评价形式，并能达到多重目的，如调控教学计划、反映学生的汉语学习成就、形成学生学习行为规范、保持学生学习动机等。

从评价时间上看，学习开始前、学习过程中和学习结束后都有不同形式和作用的评价。

从评价方法上看，既有关注结果的传统测试法，也有关注过程的观察法和调查法；既有量化的分数体系，又有定性的综合

评价。

比照杨翼（2008）的“面向学习者的汉语教学评价体系模型图”，我们发现精英式强化教学模式的学生学业评价体系是一个非常完整的系统。具体框架如图 3-1。

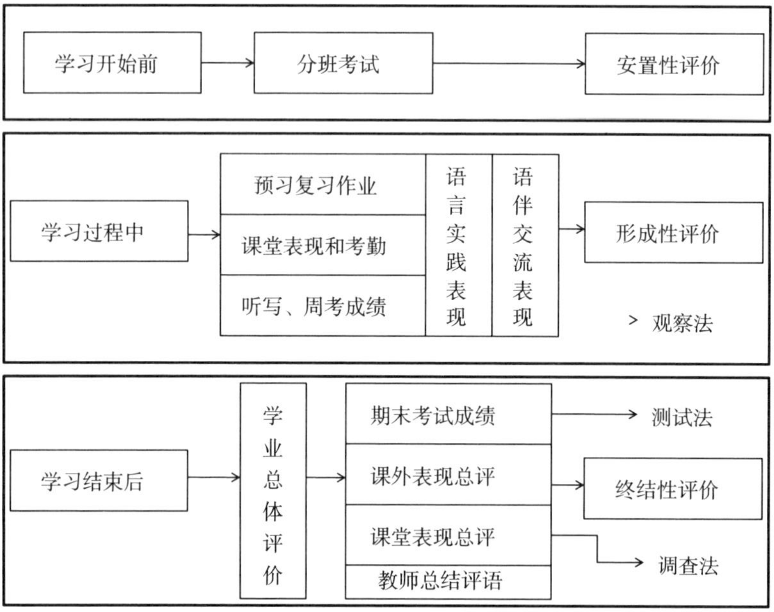

图 3-1　精英式强化教学模式的学生学业评价体系示意图

六、精英式强化教学模式学业评价体系的特点

（一）在过程中进行学生学业评价

为了提高学业评价的真实性和可靠性，美国名校在华汉语项目除了使用考试等测试法评价以外，还非常重视教师通过观察对学生汉语行为表现所形成的印象。这种印象在教学进行的整个过程中，通过学生在语言活动以及师生互动过程中表现渐渐形成。这种印象分并不由一个教师来给，而是综合全体教师的印象，所

以评价的结果更为准确和真实。

从分数结构来看，三个项目都非常重视形成性评价。出勤和课堂表现，预习作业和复习作业，作文和口头报告，听写和周考，学业总评成绩所包括的考察项目几乎涵盖了学生学习的整个过程，而且期中和期末考试在总评成绩中所占的比例也相对较低，体现了精英式强化教学模式不仅看重学生学业的结果，而且也关注学生在学习过程中的表现。学业评价不仅是为了区别，而是一种对话，把课堂教学与评价融为了一体，让教师可以随时诊断学生在学习过程中存在的问题，让学生可以随时了解自己的学习进步情况，真正激发学习汉语的兴趣，让师生都广泛地参与到学生汉语能力形成的过程，并及时调整，不断提高。

（二）评价手段多样，评价内容全面

在美国名校在华汉语项目里，评价的方式并不以传统的考试成绩作为判断学生汉语学业成就的唯一手段，而是运用了多种评价方式，包括直接观察学生实际的汉语行为表现。考试也包含了听说读写四种技能的综合考查，而不只是语言知识的。

（三）评价的标准模糊、动态、开放

后现代主义评价放弃了现代主义评价标准的精确性、稳定性、封闭性和简单性，强调评价标准的模糊性、动态性、开放性和复杂性，原因是评价对象本身就具有这些特征。① 学生的语言学习评价同样具有这些特征，而美国名校在华汉语项目的学业评价体系显然考虑到这些特征。因此在进行学业评价时，这些汉语项目并没有把“死”的分数作为确保精确性的标准，而是进行了模糊的、开放的评价，采用了弹性分数。学业评价体系从学习便随即开始，教师对学生的成绩进行动态管理，不断关注学生的成长，这是一种对话的态度，而不仅仅是为了区别。

① 杨翼（2008）汉语教学评价［M］. 北京：北京语言大学出版社，24

第三节 精英式强化教学模式的师资管理

一个项目实行的教学模式，如美国名校在华汉语项目，设计者和实施者通常是不同的人，起码实施者会是一个团队。在这种情况下，教学模式的实施就有可能背离设计者的初衷。因此，实际教学中能否贯彻教学模式的理念、设计意图，教师的教学意识（也就是教师信念）起着很重要的作用。教师理解并赞同教学模式的理念，领会教学模式的设计意图，在教学中才能够有意识地做出符合教学模式理念的教学策略和行为的选择。因此，教学模式能否得到顺利实施，教学效果能否得到保障，主要取决于教师。教师的教学意识、备课和课堂教学行为如果都符合教学模式的要求，那么教学模式实施的效果应该就能达到预期的目标。这也就是教学模式在师资管理上的目标。三个项目在教师的教学意识、备课和课堂教学行为上采取了哪些管理措施来确保教学质量？这些管理措施的实施效果如何？

通过观察，笔者发现三个项目都主要通过三个方面进行教师管理，那就是教师岗前培训、集体备课和教师评价制度。

一、教师岗前培训

夏季项目需要大量的新教师，这三个项目都采取了资深教师与新教师组合的办法。新教师一般就在北京临时招聘，经过岗前培训，然后上岗。因此岗前培训对于这三个项目来说都非常重要，是保证教学质量的重要措施。DSIC 和 PIB 的岗前培训时间都是一周，ACC 的培训时间比较长，是三周的分组培训加上两天的集中培训。

（一）岗前培训的主要任务

这三个项目采用的教学模式略有不同，但均要求同一年级的教师集体备课，共同承担本年级所有班级、各个课型的教学、测试及辅导任务。每个教师至少教授两种课型，同一课型每天有统一的教学内容，但教学对象每天轮换。这样的教学安排是为了让学生有尽量多的机会接触不同的教师，增加输入源，避免学生受到某一位老师话语风格的长期影响。这种安排对于教师而言，则提出了两个要求：团队合作和统一教学模式。因此，统一每位教师的教学理念、教学方法和教学技巧，培养团队协作及相互配合的默契，就成了师资培训的主要任务。

（二）岗前培训的重点

三个项目的大课一般由经验丰富的老教师担任。PIB 和 DSIC 除大班课外，小班操练课、讨论课及单班课均主要由年轻新教师承担。培训中脱颖而出的优秀教师也有可能担任大班课，一般这些教师都是有一定教学经验的老教师。而 ACC 则主要是让新教师负责活动课和单班课，大小班课一般由长期在 ACC 工作的资深教师担任，成长较快的新教师也会承担部分的小班操练课。

因此这三个项目师资培训的重点有所不同，但都按需设计，针对性很强。PIB 和 DSIC 重点训练句型操练及引导讨论的技巧，而 ACC 则在活动课和单班课的教学技巧上花的时间更多，不仅在每次备课会主要引导的是这两种课型的准备方式和内容，而且试讲和点评得最多的也是这两种课型。

（三）岗前培训程序和方式

三个项目的暑期班通常学生人数较多，又采用小班教学，因此需要的教师也比较多。由于各年级的平行班要求内容相同、进度一致，为保证教学质量，岗前培训的重点放在了建立统一的教学理念和教学方法上。三个项目的岗前培训虽然侧重点有所不同，但均采取了很多措施以最大限度地确保新教师在进入正式教学阶段之后能够较为熟练地运用项目所采用的教学模式进行教学。

1. PIB 的岗前培训程序与方式

PIB 的岗前培训主要分为三个部分：第一是教学模式介绍，第二是集中试讲，第三是分年级试讲。教学模式介绍的内容包括项目的总体情况、教学模式示范及理据分析和各年级教学特点及要求等，以集体讲座的形式进行。项目总体情况介绍由项目负责人周质平教授进行，目的在于通过对项目的来历、历史和成就等的介绍，确立项目的总体精神，类似于企业文化的培养。项目负责人同时介绍教学模式的基本程序、理据以及教学当中的一些忌讳，比方说师生之间交际应保持适当的距离，因为性骚扰在美国大学中是一个非常敏感的问题。接下来由各年级负责教师介绍各年级不同的教学特点、程序、教学技巧，并做现场演示，以便模仿。PIB 也会聘请项目以外的专家做专场讲座，更为深入地介绍 PIB 教学模式的理论依据和教学技巧，比如 2011 年暑期便邀请了密西西比大学的朱永平教授就操练课的主要教学方法——控制式联想操练法进行了深入细致的介绍和生动的演示，还邀请了北京师范大学的亓华老师就 PIB 所选用教材的文化因素做了专题讲座。集中培训还包括集中试讲的环节。受训教师们会在培训的第一天收到要求试讲的课文，并在第一天集中接受教学模式的介绍和演示之后回去准备，第二天就统一的内容公开试讲操练课，时间大致为 5 ~10 分钟。项目负责人周质平教授会对新教师的试讲适时进行点评及正确示范，目的是让新教师们通过亲身体会和及时反馈能够进一步理解 PIB 所倡导的教学理念，初步建构教学模式的雏形。

分年级试讲和点评是 PIB 岗前培训的重头戏。各年级按暂定的名单分组进行操练课和讨论课的试讲，试讲的内容是从各年级的指定教材中选出来的课文。年级负责教师会第一个示范，给新教师们正面的引导。每位新教师试讲之后，在负责教师的指导下，新教师先就试讲进行自评，然后互相点评，最后由负责教师总结。

为期一周的培训当中，新教师们轮流试讲，试讲的内容相同，然而每位新教师的处理方式各异，在各个角度的点评中，新教师们逐步建构起试讲课型的基本教学模式，教学理念渐趋统一，在实践中明确 PIB 所倡导的教学理念及应该极力避免的做法。

2. DSIC 的岗前培训程序与方式

DSIC 的岗前职培训也分为三个部分：第一是教学模式介绍，第二是集中试讲，第三是分年级试讲。三个部分的内容和程序与 PIB 的岗前培训基本一致。

DSIC 的岗前培训同样重视试讲和点评，这是新教师训练教学技巧、统一教学意识和行为的最有效的办法。点评的方式也是先自评，再互评，最后由负责老师总评。

3. ACC 的岗前培训程序与方式

ACC 的师资培训分为两个阶段，第一阶段为期三周，休息一周后，开学前再进行一周的强化培训。除了 PIB 所采用的集中讲座、集中试讲和分组试讲这三种形式以外，ACC 还在培训阶段设计了集体备课的环节，由资深教师带领，新教师轮流做主备教师。任务包括主题复述、挑选语言点、讨论活动课的任务及准备讨论话题。备课的内容同样是各年级指定的教材，这样在正式上课之前，新教师们已经对课文的体例和处理方式较为熟悉了。由于试讲内容和备课内容一致，备课材料也提前发放以供修改。在试讲前还安排了独立备课的时间，并且鼓励结对练习，因此新教师能够将更多精力集中到教学技巧的操练上。

ACC 试讲的点评方式，除与 PIB 相同的教师自评、同事互评、责任教师总评外，还在开学前的培训中特地邀请了有经验的美国学生参加试讲并给出建议。观察示范的方式除了现场观摩外，还有集中观看录像和独立观看录像两种。开学前的强化培训期间，除了正面示范，还增加了负面例子的示范，使受训教师们对 ACC 所倡导的教学理念和所采用的教学模式有更清晰的认识。

在培训内容上，ACC 还增加了“各年级重点语法”“学生评语与建议”“培训总结及新教师个人情况反思”。该项目对教学理念和教学方法的介绍较为系统、细致。每一种课型的主要教学方式都有专题讲座，比如大课引入课文所使用的主题导入法、小班操练课的定式教学法、活动课主要使用的任务式教学和分组活动的教学形式。由于时间充裕，ACC 还分别就课堂提问的原则和技巧、教师改错意识与能力的培养、各课型课堂教学常出现的问题及解决办法、备课会的有效利用及注意事项、批改作业注意事项、课堂管理原则等做了专题讲座。

ACC 的岗前培训不仅仅是对新教师的教学技能培训，同时也是对老教师的进一步理论提升。ACC 的岗前培训采取的是团队协作方式，资深教师共同分担培训任务。每位培训师都有各自的专题讲座，分组备课和试讲也是轮换分组，每组都有 2 位培训师互相配合，每次的组合也不一样。ACC 鼓励创新，希望每年都有新的改进，因此每年都会由一位资深教师带领一个小团队进行教学上的新尝试，并在培训大会上做出说明。比如 2012 年暑期开始，ACC 将开始在单班课这个课型上进行“目标功能教学”的尝试。

4. 三个项目的岗前培训模式比较

从培训的模式来看，这三个项目均采用的是“工作坊”式的强化培训模式，培训师数量多、培训班级小、时间短、针对性强，主要采取课堂试讲点评的方式。三个项目所采取的岗前培训模式具体如表 3-3 所示。

表 3-3 三个项目的教师岗前培训模式情况

	PIB 和 DSIC 暑期项目	ACC 暑期项目
培训时间	项目开始前的 1 周	3 周+项目开始前的 2 天
项目课型	大课、操练课、讨论课及单班课	大课、操练课、活动课及单班课
重点培训课型	操练课+讨论课	单班课+活动课+操练课

续表

	PIB 和 DSIC 暑期项目	ACC 暑期项目
主要培训方式	专场讲座+集中试讲+分年级试讲	专场讲座+集中试讲+分年级试讲+集体备课+总结会
培训内容	项目概况、基本教学理念、各年级各课型主要特点和授课方式、课型示范、试讲及点评	除与 PIB 相同的内容外，再加上各年级重点语法、学生评语与建议和培训总结及新教师个人情况反思
培训材料	暑期项目所使用的教材	暑期项目所使用的教材
主要点评方式	教师自评+同事互评+责任教师总评	教师自评+同事互评+责任教师总评+学生点评

总的来说，ACC 的教师培训框架是阶梯式的，循序渐进，方法多样，给教师提供的帮助在三个项目当中是最为全面和细致的。而 PIB 和 DSIC 的培训框架是速成式的，集中强化，对教师的学习能力和自律能力要求高一些。不过培训的重点是相同的，都以培养教学实践能力为中心，也都以试讲点评为主要方式。

（四）师资培训中的微格教学

第一轮试讲培训师会让新教师讲完规定的内容，然后再统一指出优点和有问题的地方，提出改善意见。第二轮开始培训师会随时打断新教师的试讲过程，指出有问题的地方。然后让新教师再试一次，或者下来思考、准备，过一会儿再试讲。

每次解决一个问题，这是微格教学的方式。在统一了教学理念之后，进行细致的教学技巧的打磨，这也是三个项目都在采用的培训技巧，不仅是在岗前培训中，ACC 的岗中培训“大练兵”也会采取同样的方式。在有限的时间里，这是一种很有效的促进新手教师将理论知识转化为实践知识的培训方式。

以教学语速的培训为例，在教师培训中，培训师非常注意教师的教学语速是否过慢，会常常提醒试讲的教师加快自己的语速。例如，在 ACC 学期中间大练兵的时候，新手教师们试讲小班操练课，培训师打断了试讲进行点评时，有这样一个小片段：

例 1[①]试讲老师：跟我一起读，“不是就是”（语速较慢）。

培训师：快点，再快一点，“不是就是”（正常语速）。

试讲老师：好，“不是就是”（语速较快）。

培训师：哎（表示赞许）。

试讲老师：不是逛街就是照镜子（语速较快）。

这位试讲老师本身正常的说话语速是比较慢的，但经过这样的训练，她后来在试讲过程中都保持了比较快的语速。

（五）岗前培训实施效果

从上面的例子可以看出，由于采用了微格教学的培训方式，新教师的成长都非常快。通过培训进入夏季项目工作的教师，一般来说都能够胜任教学工作，很少有由于学生投诉而被中途辞退的事情发生。这说明岗前培训的设计是合理的，模式化的教学技巧通过微格教学的培训手段，能够达到迅速提高新教师教学水平的目的。

1. 调查问卷结果

为了了解岗前培训对于新教师的教学意识是否有提高，笔者在 ACC 的岗前培训结束时给参加培训的 22 位新教师发放了调查问卷，收回有效问卷 22 份。数据统计见表 3-4。

表 3-4 关于岗前培训是否有助于提高教学意识的调查数据统计

调查重点：岗前培训是否有助于提高以下几方面的教学意识（N=22）		
调查问卷中的内容	有效度	有效度百分比
以学生为中心的意识	4.51	91%
课堂教学的交际意识	4.53	91%
课堂教学的课型意识	4.32	86%
课堂教学的时效意识	4.61	95%

① 该语料来源于笔者在 ACC 跟踪体验调研时所搜集的录音转写资料。

续表

调查重点：岗前培训是否有助于提高以下几方面的教学意识（N=22）		
纠错意识	4.66	95%
跨文化教学意识	4.12	81%

从表3-4中的数据可知，课堂教学的时效意识和纠错意识是新教师们提高得最快的方面。这同时也是精英式强化教学模式最为强调的两个教学意识。91%的教师都从培训中增强了以学生为中心和课堂教学的交际意识。通过培训，86%的教师都能了解各个课型的基本特点和教学要求。通过访谈了解到，大班课和小班课之间的区别可能是新教师们比较疑惑的地方，不过这主要是由于大班课一般都不需要新教师授课。因此大班课在培训中涉及得比较少，这样的情况并不会对教学质量产生显著的影响。新教师们有很多都是对外汉语专业或者国际汉语教育的硕士生，因此对于跨文化教学意识本来就接触较多，在培训中的提高也就不那么明显了。但对于非专业出身的新教师来说，他们的收获是很大的。他们在访谈中都纷纷表示，培训师举例说明学生可能会怎么想对他们触动较大，也很佩服培训师能够这么了解学生的思维方式，认为这样的教学方式和技巧应该是学生喜欢的。

2. 从培训案例看教学实践知识的培养

这是ACC二年级岗前培训模拟集体备课环节中的案例。

背景介绍：模拟备课会前新教师要熟悉课文，按话题、事件、语意段落将课文划分为相应的教学主题。二年级有2个培训师，她们会随机指定某一位新教师就某一部分进行复述，然后说出该部分有哪些语言定式（句型）需要练习，并说明该语言定式在教学中有什么需要注意的地方。如有疑问，则大家一起讨论，最后由培训师综合大家的意见，给出解决方案。

案例描述：课文第一部分是关于周林来北京的目的和基本情况，培训师请一位新教师进行复述后，大家一起讨论可以作为定式练习的语言点。“从…起，就 do something. 了”是其中的一个语言定式。课文里的原句是“从一年级起我就开始计划去北京留学，今天这个理想终于实现了”。培训师提醒到这个定式应该注意的是：要提醒学生“就”后面的 VP 要加上“了”。因为虽然这是学生在一年级已经反复练习过的语法，但还是常常会忘了加上“了”。新老师提出了疑问，课文的原句中，有“就”的分句末尾并没有出现“了”，是不是错了？但是课文又是这么写的，学生如果问起来怎么办？

一位培训师回答：“课文里面也会有错，应该告诉学生是错的，否则学生会一直按照错误句子模仿，因为教材是学生接触得最多的，也是复习和记忆的根据。”有一位新教师认为课文的原句是对的。于是培训师让新教师们充分发表意见。最后大家认为都可以接受的解释是：分句末尾的“了”属于从后省略，否则会造成重复。培训师在综合大家意见后，提出了解决办法：在教学中，只给出标准形式“从…起，就 do something. 了”，强调“了”不能掉，但不主动解释课文中“了”被省略的原因。如果学生问起来，可按备课会统一过的意见做简单说明，不过分解释省略的原因和条件。定式操练所用的例句都要用带“了”的，不出现课文中的情况。培训师解释这么做的原因是，对于这个项目里二年级的美国学生来说，以他们的汉语水平，语法解释越复杂，他们就越感到混乱，反而不利于习得。

新教师问，是否用英文解释。培训师回答，一般能用简单的汉语解释的，都不用英文解释。如果无法用简单的汉语词汇说明，而英文一句话或者一个词就可以说明，那可以使用英文。原则是要简单、易懂、节约时间，以保证课堂教学效率为前提，语言教学的课堂要让每个学习者都能尽量多做语言练习。这个语言定式的情况估计以新教师们的英文水平解决起来会有一定的困难，因此建议用汉语简单地说明：“这句话后面有一个‘了’，前面的

‘了’就可以不说。”

所关注的问题：培训过程中出现了什么问题？培训师在解决这些问题的过程中运用了哪几类知识？表现出了哪些素质？

案例分析：课文中的一个句子在备课会上引出了三个问题。

问题一：课文里的句子是正确的还是错误的？如果是错误的，怎么处理？

一位培训师给出了如果课文里出现错误时怎么处理的解决办法。这是在教学当中无法避免的情况。培训师的解决办法是从学生学习的角度进行考虑的，这说明这个解决办法是从教学实践中总结出来的。培训师不是只说明怎么处理，而且进一步说明了原因，通过培训中的这个情景将处理同类问题的方法告诉了新教师。从知识管理的角度来看，这是将教学实践中个人建构的隐性知识显性化，并通过培训中案例教学共享给了团队中的其他成员。这种隐性知识或缄默知识，是一般教学法知识在教学实践中形成的学科教学知识，属于教师实践知识的一种。

课文里的句子是否正确，做出判断并解释原因，需要汉语本体知识作为基础。汉语本体知识体系庞大而繁杂，而且有些汉语本体的问题还没有被研究透彻，比如最容易出错的“了”。培训师没有在这一点上过多纠缠，而是采用了集体讨论的方式，迅速找到了一个教师和学生都能够接受的解释。这说明，培训师既具备一定的汉语本体知识，也充分了解教师培训的重点是让新教师使用自己储备的学科知识解决教学实践中遇到的问题，用讨论的方式让新教师们参与解决问题。

问题二：“从…起，就 do something. 了”这个语言定式如何呈现、讲解和练习。

这个定式包含了“从…起”和“就 do something. 了”两个部分。不单独提取其中的一个部分是因为后一部分在一年级已经讲练过了，但学生常常犯错。放在一起，既是复习，也是以旧带新，帮助学生说出更复杂的句子。因此决定这个定式如何呈现，需要教师将汉语本体知识与教学需要相结合，也就是需要教学语法知识，属于学科教学知识的范畴。提醒学生会在“了”上出错，从习得的角度提出解释和操练的办法，都是培训师的教学实践知识，同样也属于学科教学知识。

问题三：是否用英文解释语法。

培训师对这个问题是从课堂管理的角度出发进行解答的。是否用英文解释语法不能一概而论，因此培训师给新教师提供的是语言课堂教学的原则，即语言课堂教学要讲究效率，选择解决方式的标准是学习者语言练习量的多少。这是 ACC 项目的课堂教学原则，是培训师基于对 ACC 项目教学模式、学生特点、课程设置的了解做出的判断，并非泛泛而谈。这种判断同样是在教学实践中形成的，培训师在培训中将这种个人建构的知识团队化了。

二、集体备课

课上得好不好，与备课有直接关系。备课一般是教师的个人行为，但是在一个以团队形式教学的语言项目里，集体备课是一种必要的管理手段。集体备课在一定程度上能起到统一教学理念，规定教学重点，确定教学思路，准备教学材料的作用。

（一）集体备课的主要任务

“有备而来”是强化语言项目对教师最基本的要求。这三个项目都有集体备课的制度，各年级的教师会定期在一起讨论，确定教学的重点、难点，交流教学经验，交换关于学生学习情况的信息。

（二）集体备课的主要内容

备课会主要是统一教学内容，确定重点句型、词汇，讨论需要讲练的义项和用法，大小班分别使用的例句，以及可供讨论的话题。

ACC 的备课会基本是为新教师服务的，主要目的是让讨论课和单班课的教师了解课文的脉络，深入理解课文的主旨，清楚教学的内容、步骤和技巧，预测教学的难点，为高效地完成教学任务做好准备。

（三）集体备课的程序和方式

1. PIB 的集体备课程序和方式

（1）每周有三次集体备课，周日晚上是固定时间，周间两次集体备课的时间可随课外活动安排的时间调整。

（2）一般由年级组长主持。其他教师在备课会前应该阅读课文以及以前的备课单，找出重点和难点，提前查阅工具书了解相关语言点的意义、形式和用法，思考讲解的角度。

（3）教师轮流念一段课文，然后指出这段课文主要的逻辑线索和中心思想是什么。

（4）年级组长点其他教师说明这一段中有哪些语言点应该重点讲解，以及讲解的角度是什么。

（5）年级组长确定哪些语言点应该作为重点，以及原因是什么，如太过书面化，或学生已经学过等。

（6）如出现教学难点，则全体教师一起想例句，并讨论如何讲解。

（7）利用以前备课单上的讨论题，讨论该课有哪些值得讨论的话题。讨论课的主备教师将自己思考后的讨论话题提供给大家讨论，其他人可提出自己的建议，由年级组长确定最终方案，各自回去修改。

2. DSIC 的集体备课程序和方式

DSIC 备课会除了统一教学重点、难点以外，还有一个重要的任务是统一小班课的例句。为了节约时间，有时会采取大小班先分开备课，然后再集体备课，讨论小班老师已经筛选过一遍的例句。一般的备课程序如下：

（1）前四周每天下午集体备课，后四周每周集体备课 2 次。一般在教师改完当天作业、评课会结束以后。

（2）年级组长，即负责的大课老师，备课会前准备好下周的教学进度表和句型单，每天大小课的进度安排，以及学生的作业安排。

（3）一般由两位年级组长或资深教师一起主持，教师共同参与。

（4）教师轮流读课文，讨论课文的线索。

（5）年级组长指出哪些是重点和难点，说明如何讲解，确定大班课和朗读环节要讲练的重要词汇以及例句。

（6）所有教师一起确定大班课和小班课讲练重点语法应该使用的例句，尽量避免重复。因时间关系，有时只确定小班课的例句。

（7）一起讨论可以讨论的话题和讨论的思路，确定哪些话题用于讨论课，哪些用于单班课。

（8）负责记录的教师将备课会的讨论结果整理之后发给每位教师，包括语言点的讲解角度、例句和讨论话题。

小班课筛选例句的方式是教师之间互问互答，这其实是为了让新教师们更熟悉提问的技巧，同时也从学生的角度体会什么样的问题更加容易“命中”目标语言点。

为了减少在备课会上临时想例句而浪费时间，2008 年夏季，在二年级还要求在备课会前，除两位年级组长外，其他老师应该按照分配的语言点想好 2 个例句，于前一天晚上发到负责收集例句的年级组长的邮箱中。后来由于开始收集和整理教案，备课材料越来越丰富，便不再实行了。

3. ACC 的集体备课程序和方式

（1）每周有 2 次备课会，分别安排在周一和周五，周五备的是周一和周二的课文，周一备周三和周四的课文。

（2）每位教师在参加备课会之前需要认真地分析要备的课文，包括熟悉课文内容、重点句型、词汇及语用功能；此外，教师要将课文内的问题，须进行集体讨论的要点记下以便备课会上提出。

（3）备课会前针对要集体备课的内容先设计出一些讨论课与单班课的活动，例如情景、角色、讨论重点、练习方法等。

（4）事先查看本年级的每周教学进度表以及学生分班表。对自己要教的内容让学生做到心中有数，并能因人而异地进行个性化教学。

（5）清楚地知道自己在一周中除教课外还有哪些任务，如轮到批改周考，某天必须旁听某班的课等。

（6）总结、归纳学生的学习情况及问题。每位老师就自己教学的情况做简要汇报，包括学生重复犯的错误、对课文的掌握程度，须重新做解释、强调的语法点，学生学习态度、方法等问题。

（7）年级负责教师宣布教学进度及教学安排或调整，分发补充教材、课程表及分班表。

（8）由一至二位教师主持，统一教学内容及活动，讨论需要讲练的重点句型、词汇及练习范围。一般会有 1 到 2 位新老师根据主题和定式复述课文，并说明这一部分课文中的重点定式是什么。学生理解有难度的定式会被提出来，有经验的教师会说明学生可能会出现的错误，以及如何设计提问、进行讲解。

（9）讨论：讨论课和单班课要采用的形式、方法及例子。

（10）年级负责教师总结归纳备课会并宣布下次备课进度及其他有关事项。

（四）集体备课中的知识管理

备课会其实是一种对教师知识的管理，是知识管理的措施。三个项目都采取了一些教师知识管理的措施，把资深教师宝贵的教学经验从隐性知识转化为项目内所有教师都可以共享的显性知识。听课评课制度和备课会都是最为重要的教师知识管理措施，是隐性知识显性化的主要途径和知识共享平台。三个项目中，以ACC对于教师知识的管理最为重视，也最系统，具体措施如：

（1）各个课型的备课单会提前发给教师。每次备课前会指定主备教师提前修改讨论课和单班课的备课单，提出的修改意见会在备课会进行讨论，最后的修改也由主备教师统一完成后发给其他教师。

（2）每课的定式和重要生词一般是确定好的，讲解的内容、辨析的角度也基本确定了。课文主题呈现的方式和框架也已形成。在备课会上，这些内容不会进行详细的讨论，只会根据学生的具体情况稍微调整一下难度。大班课和小班课的教师一般都自己准备例句，所使用的PPT是统一的，只需要稍做调整。

（3）备课会上，经验丰富的教师会分享自己的教学体会，比如当课的话题有哪些是美国学生感兴趣的，哪些可能引发争论，这一批学生可能输出的程度在什么水平上，教师可以如何调整备课单的内容。同时也会交流一些教学的小技巧。

（4）建立了教学录像资料库，每个教师都可以随时观摩学习资深教师的课堂教学，是一个知识共享的平台。

（五）备课教案案例

DSIC模式的教师们非常负责任，有些是从美国杜克大学、华盛顿大学、布朗大学等合作院校聘请来的资深教师，一般这些教师是各年级的年级组长。每个年级需要的大班老师会邀请往年聘请过的教师回来，但也有一部分会从新教师中直接培养。新教师只经过一周的培训，那么她们是否能够按照DSIC模式的要求进行课堂教学？下面以DSIC一位新教师在暑期项目三年级的教案为例，来分析这位新教师的备课是否符合DSIC模式的要求。

第二课　租自行车

一、听写

1. 很多人不习惯排队，抢着上车，要是你怕挤，也许坐地铁好些。

2. 你不熟交通规则，骑自行车比较危险。万一出了事儿，可就糟了。

3. 北京人大多骑车上班，既解决了交通问题，还锻炼了身体，真是一举两得！

二、课文

在北京，你出去坐什么车？（公交车、地铁、自行车）在美国，你骑不骑自行车？今天我们要学什么啊？课文里有哪几个人？

坐公共汽车（公交车/公车）/地铁/出租车　课文里的甲想去哪儿啊？想怎么去呢？（我想坐公共汽车去天坛）

#班车　　课文里的甲上得去公交车吗？你怎么知道？（等了几班车，都上不去。）

排队/不排队　　课文里的甲为什么上不去呢？（因为我排队，不想跟人抢着上车。）去哪儿应该排队啊？如果有人不排队，你会怎么办？

◆ 要是大家都排队，你上得去公交车吗？都不排队呢？

1. V得。。。/v不。。。上得去/上不去；记得住/记不住；买得着/买不着；买得起/买不起；买得到/买不到 potential complement (able/possible to verb)

- 一个苹果你吃得完吃不完？那十个苹果呢？
- 要是每课的生词有两百多个，你记得住记不住？在杜克项目，你能禁得起考验吗?

- 你记得住老师的名字吗? 你记得住同学的名字吗?
- 在学校附近的商店买得到自行车吗?

◆ 要是大家都不排队，课文里的甲上得去公共汽车吗?

为什么他上不去?（因为我排队，想跟人抢着上车。）

其他人排队吗? 他们想怎么样啊?（想抢着上车。）

2. V1 着 V2 V1是一个状态（state of being; state），V2 是一个动作性较强的动词。

这是一位 DSIC 三年级大班课教师备课教案一部分。从教案的内容，我们不难发现，DSIC 新教师的教案是符合模式的要求的。教师把重要的句型、词汇、搭配用不同颜色和字形进行显著标识，说明对教学重点和难点都十分清楚。句型的旁边注有英文解释、常用搭配和用法说明，说明教师对句型的意义、形式和用法都有了解。这些说明都非常简短，是备课会上讨论后确定的讲解角度。最显著的特点就是，例句都写出了提问的方式，重要的问题还写出了预期的回答也就是目标范句。问题当中，既有关于课文内容理解方面的，也有语言点练习方面的；既有理解检测型提问，也有贴近学生生活的交际性提问。

教学内容从课文内容到重点语言点，从意义到形式和用法，在教案中都有体现，而且都以问句的形式写出，这样的教案符合精英式强化教学模式对教师“备课备到每一句话”的要求，足以说明教师已经做好了授课准备。

三、听课评课制度

（一）听课和评课制度的目的

1. 听课制度的目的

大班老师听小班老师的课，主要有两个目的：第一是监督教学，是保证教学效果的措施；第二是发现教学问题，帮助新教师成长，是提高教学质量的措施。

小班老师听大班老师的课，也有两个目的：第一是掌握大班老师的授课进度，再次熟悉语言点的讲解角度，了解学生对当课内容的掌握程度和当天的状态，知道该在小班课上补充哪些内容，是为了课型之间的无缝衔接；第二是向大班老师学习教学技巧，提高自身的教学水平。

2. 评课制度的目的

评课是为了发现教学上的问题，进一步完善教学技巧，了解学生的需要。

（二）听课和评课制度的主要内容

听课和评课主要有两个方面的内容，第一是观察教学技巧的运用是否得当，如提问是否有效，导入是否过长，课堂节奏是否合适，纠错是否恰当；第二是观察教学内容的处理是否恰当，如语言点的讲解方式学生是否容易理解，课文内容是否线索分明，有否纠缠细枝末节等。

（三）听课和评课的方式

三个项目都提倡教师之间互相听课，也有专门点评的环节。

1. PIB 的听课评课制度

PIB 规定每个教师每天都需要听课。小班课老师每天去规定的教室听大班课，了解大课的进度、大班老师对语言点的处理以及学生的接受程度。不过大班和小班的学生是分别排班的，所以小班老师所听大班的学生，与自己要教的小班一般不会是同样的学生。大班老师两节课以后先一起批改作业，然后就分散去听小班课和讨论课。听课老师自行决定是否和授课教师交流。一般情况下，大班老师经验比较丰富，会主动告诉小班老师上课出现的问题，而小班老师只会在大班老师主动要求的情况下才会发表意见。

项目主任会不定期在各个年级听课，如果没有太大的问题，就会直接离开。有问题的话，会跟授课教师交流，提出改善建议。

开始的2周，PIB会对每个教师的课进行录像，并安排专门的看录像评课的时间。大家都可以发表意见，优点和缺点都是点评的内容。年级组长鼓励教师自我点评，也会主动要求教师对其他人的课进行点评。前两周是试用期，表现不好的教师有可能被辞退。这个评课的环节旨在让大家看到自己的问题，互相学习互相促进。通过这个环节，教师能够更加清晰地感受到，PIB教学模式提倡哪些行为，而不赞同哪些行为，达到统一教学意识和行为的目的。

PIB没有严格的听课制度，也没有评课会。PIB会在某个星期由项目助理给所有的老师录一次像，每人十分钟左右，然后组织大家一起观看和评论。

小班老师必须听大班老师的课，目的是小班老师在大班课上将学生的听写改好，下课后马上发回学生手中。大班老师下课后，先改学生作业，然后听小班讨论课。大班老师没有义务给小班老师自己的意见评价；由于没有形成这样的气氛，如果大班老师直接指出其存在的问题，有可能会引发小班老师的不满。

PIB的听课没有明确的目标，听课老师也不具备一个评估者的身份和任务。PIB的听课制度基本就只是由项目助理录像和项目主任的随机听课构成。年级组长由于要上大班课，同时还有其他的行政事务，所以也很少有机会去听课。总之PIB的听课制度对老师们的监督作用不大，但是周老师的个人领导魅力对全体老师产生了一种威慑力。从培训时到课堂中的即刻叫停，让几乎所有老师都笼罩于担心周老师会随时出现的莫大的紧张与恐慌之中。

2. DSIC的听课评课制度

DSIC是全民评课。从项目主任到每个教师，只要是自己没课的时间都必须去听其他人的课，作业和听写安排在了下午集体批改。听课以后，可以马上和授课教师进行一对一的交流，也可以在集体午餐的时间找机会交流。下午的备课会之前，是固定的集体评课时间，由项目主任或年级组长主持，每个教师都要点评。首先是自评，说说今天的课自己着重改善了哪一点，在哪个方面没有做好，原因是什么。其他教师如果听了课的，就补充说明，哪个方面做得好，哪个方面还需要加强。主持的教师总结的时候，会提出希望明天看到改善的方面。

评课会的气氛一般十分友好，不会让被点评的教师难堪。教师之间十分平等，每个人都把评课会当作一个互相学习、提高教学水平的机会。新手教师一开始可能会比较紧张，主持的教师经验都很丰富，会有意识地营造平等而融洽的气氛，让新手教师放松心情，感受到同伴的善意，平和地接受自己的不足。

3. ACC 的听课评课制度

ACC 听课的主要目的是，帮助新老师尽快熟悉课文内容、授课方法，学习大班、小班老师的提问方法。在 ACC 的听课中，相互监督的功能并不明显，但年级组长和副组长私下可能会对年轻老师的授课情况有非正式的交流，也不会将交流结果告知老师。

ACC 提倡教师之间互相听课，但没有硬性规定。有常规听课和点评任务的主要是驻地主任、教学助理和培训助理，听课以后会跟授课教师交流。点评以一对一的方式进行。其他教师每周听一两次课，时间由教师自己决定，听课以后可以自己决定是否和授课教师交流。

定期进行的“教学大练兵”是为新教师安排的培训活动，这是 ACC 培训之外主要集体点评的环节。试讲教师自己点评，资深教师也会做出点评，大家一起讨论，主要目的是树立教学模式的意识，统一教学行为规范。

点评一般会有重点，不会面面俱到，会对最突出的问题提出改善建议。这主要是考虑到教师的心理和接受能力。

ACC 的听课制度主要是起督导作用，是对新教师的在岗培训，也是教师评价的一个环节，考查教师是否掌握了项目所要求的教学模式和技巧。有进取心的教师可以主动邀请负责听课的教师去听课，以改善教学，获得尝试其他课型的机会。

四、教师评价体系

教师评价是美国名校在华汉语项目管理体系中非常重视的组成部分，对于教学质量管理起着极其重要的作用，与后文将要介绍的薪酬制度和激励机制一起在形成良好的组织氛围方面发挥着至关重要的作用。

（一）精英式强化教学模式教师评价的目的

汉语教师评价的目的是通过对其汉语教学过程和效果的定性定量的价值判断，促进他们汉语教学专业能力的发展，提高他们的汉语教学效能，更好地实现汉语教学目标。[①]

促进教师汉语教学专业能力的发展，提高教师的汉语教学水平，是美国名校汉语教学项目进行教师评价所希望达到的目的之一，而最重要的目的是，通过对教师教学行为的评价来确保教师教学行为符合教学模式所要求的行为规范，其实是教学质量管理的一项措施。

（二）精英式强化教学模式教师评价的形式

美国名校在华汉语项目对教师的评估一般分为两次进行，第一次在两周之后，第二次在第八周。汉语教师课堂教学评价一般有两种形式：一是指标体系，二是概括性问题。[②] 美国名校在华汉语项目一般采取的评价形式是，封闭的指标体系加上开放式的评语。美国名校在华汉语项目所设计的指标体系比较简单，一般只有 5 到 6 项指标，采取 5 分制进行评价，即分为差、较差、一般、较好、非常好这五个等级。每项分别打分，最后计算出教师个人

---

① 杨翼．汉语教学评价［M］．北京：北京语言大学出版社，2008：268.

② 杨翼：前引书，270.

每项的平均分数，以及每个年级全体教师的平均分数，以供教师判断自己在集体中的表现。学生还可以写上对于教师的评语。评语可以用英文写，评价指标也以英文形式出现。

这种设计充分考虑了学生需要在教师评价上花费的时间。如前所述，在美国名校在华项目中，学生的学习强度非常高。教师评价是教学质量管理的重要措施，但教学管理者仍然不希望给学生增加过多与汉语学习无关的负担。学生一般能在 15 分钟内完成对本年级全体教师的评估。因此教学评估表上所列出的评价指标都是该项目认为与教学质量最相关、最为重视的内容。

（三）精英式强化教学模式教师评价的内容

美国名校在华汉语教学的教师评价内容不局限于对教师课堂教学行为的评价。

1. 受到教学管理者重视的评估内容

DSIC 项目没有为在华汉语项目单独设计教师评估的指标体系，评估使用的是用于杜克大学评估全体教师和教学机构的表格，与汉语教学关系不大，在此不做分析。

ACC 项目的教师评估指标共分为五项，分别是：（1）精力充沛；（2）沟通技巧；（3）与学生的互动能力；（4）引导学生参与课堂教学的能力；（5）纠错技巧。

PIB 项目的教师评估指标也有五项：

（1）教师处理教材内容能力；（2）引导学生参与课堂教学的能力；（3）纠错技巧；（4）教师的热情度；（5）单班课的教学效果。

从评估指标的内容可以看出，纠错技巧、引导学生参与课堂教学和教师对教学的投入程度是两个项目都很重视的方面。重视纠错体现了对学生语言准确性的要求。引导学生参与课堂教学体现了精英式强化教学模式对于课堂中师生语言互动程度的重视。教师对教学的投入程度是精英式强化教学模式能够顺利实施的关键。把教师是否热情及精力充沛列入评价指标当中，实际上是增强教师工作动机的措施。

评价指标的不同之处体现了ACC和PIB这两个项目在教学设计上不同的侧重点。ACC项目的特色是讨论课上的活动形式多种多样，因此教师的交流沟通技巧和互动技巧是有效实施课堂教学的关键。PIB项目没有安排具体的单班课教学内容，在教学评估中加入对单班课教学效果的评价指标，是为了让教师重视在单班课上的教学表现，保证单班课教学的质量。

2. 受到学生重视的评估内容

第二个部分都是对教师的综合评价，学生也可以写下自己的看法和对教学改进的建议。从学生的评语中，我们发现学生关注得较多的有三方面的内容：第一，教师处理教材内容能力，尤其是提问和解释语法的能力；第二，课堂教学组织和管理能力，如控制课堂、引发讨论等；第三，教师的个性魅力与其他能力，如幽默、和善等。

例如，ACC项目的一位新教师在第一次教学评估中得到的评语是：

（1） Oh！ He's my favorite.

（2） Very encouraging when I'm slow to form sentences.

（3） Extremely helpful with tones and pronunciation.

（四）精英式强化教学模式对于教师评价结果的使用

ACC和PIB都会专门召开教师会进行点评总结。ACC会发给老师评价单，但并不告知每位老师平均分数是多少。在教师集体会上，点名公布好的评价，不好的评价也会说但不点名。对于典型的问题，会分析其产生的原因，或进行调查。

第二次的评估分数有所提高，主要依靠个人努力、学生评价，还是其他老师的帮助呢？通常学生的评价相对模糊，除非是特别明显的，否则学生不会直接说老师的问题在哪儿。个人的反省能力比较重要，本身有提高的意愿和反思的能力，那自己就会提高。自己被听课的次数相对较少，可能因为本身情况相对特殊。

第四节　精英式强化教学模式的教学环境管理

教学环境管理在美国名校在华汉语项目当中主要是语言环境管理、课堂环境管理和组织气氛三个方面，其中以课堂环境管理最为关键，也是本节将重点讨论的部分。

一、语言环境管理

营造“每一分钟都在学习汉语的环境”是美国名校在华汉语项目在语言环境管理上的目标。这些项目通过学业评价来引导学生建立良好的学习习惯，通过安排课外实践活动创造使用汉语真实交际的条件，让学生在课堂以外的大部分时间都在学习或者使用汉语。从学生的话可以清楚地了解美国名校在华汉语项目在语言环境管理上所采取的措施，以及达到的效果。

“我觉得学语言很好玩，虽然大部分的人觉得学语言特别累。其实我觉得 ACC 最大的优点是下课之后，我觉得他们的想法是每一分钟你都在学习汉语，所以有语言誓约。也为我们安排课外活动，差不多每天都有太极拳、围棋、民歌等活动。有发音课，晚上有老师值班，早上八点到晚上十一点。还有语伴，总是能找到别人，跟他们练习。”

在语言环境管理措施当中最为特殊的一点是语言誓约，这也是大部分美国名校在华汉语项目中不约而同采取的管理措施。

在 ACC 的教学区和生活区，到处都可以看到用于提醒的语言誓约样本。这也是一种隐性的管理。以下为 ACC 项目语言誓约的样本：

I, __________, hereby pledge to use no language other than Mandarin Chinese during my entire stay with the program, in all situations, on all occasions. I realize that failure to abide by this rule will result in my dismissal from the program and the forfeiture of my tuition.

本人__________宣誓在本培训班学习汉语期间将以汉语为交流、谈话的唯一语言，并在任何场合、任何地点都将严守这一誓约。本人同意违反此约将受到中心的处罚，其中包括开除出班、一切费用均不退还。

PIB、ACC 和 DSIC 这三个项目都认为最大限度地让学生使用目的语是语言学习的中心环节。语言誓约就是达到这一目的的重要途径。在项目开始正式教学之前，甚至是在离开美国之前，每一个学生都要签署中英文的语言誓约，宣誓在中国期间不说英文。如果违反这一誓约，都有非常严格的处罚措施，如 ACC 规定第一次违反发警告信，第二次降低总成绩百分之十，第三次开除。中文誓约的严肃性及重要性均说明自始至终要求学生使用目的语是精英式强化教学模式所必需的实现条件之一。

二、课堂环境管理

课堂环境具体可以分为有形的物质环境和无形的心理环境两个方面，语言教学的课堂物质环境管理主要与座位的安排有关，而心理环境管理则包括人际环境、组织环境、情感环境。

人际环境指的是师生、生生之间的关系。组织环境与班级结构及同伴关系等有关。情感环境是指课堂氛围的类型。

（一）有形的物质环境管理

美国名校在华汉语项目关于有形的物质环境管理的措施主要是座位的安排。

研究发现，座位的编排方式对学生的课堂行为、学习成绩、学习态度、人际关系以及整个教学活动都有直接或间接的影响。座位安排有四种方式：剧院式、分组式、半圆式、巨型式。

三个语言项目都很重视座位的安排，条件允许的话，教师会把座位提前按照课型的要求摆好，避免学生坐好以后再进行调整而浪费时间。每一种课型都设计了不同的座位安排，不过基本上都是半圆式的，和学生距离近，利于师生互动。这种座位安排完全出自服务于教学的考虑，反映了教师对课堂的控制程度和师生互动的形式。

1. 大班课的座位安排

大班人数一般为 6～8 人，最多不超过 10 人，8 人以下座位会像小班一样排成半圆形，8 人以上则会排成 2 排，原则是在方便教师用眼神或手势点学生回答问题的区域之内。教师的位置非常灵活。教室里虽然有讲桌，但教师一般都不会站到讲桌的后面，而是在学生的座位之前或之间来回走动，与学生之间的距离是非常近的，对课堂的控制程度其实是比较高的。

大班课座位安排

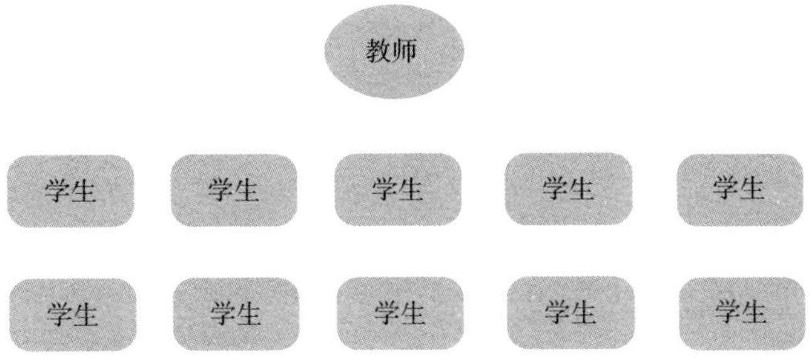

2. 小班课的座位安排

小班课的人数一般是 4 人，座位排成半圆形，拉近教师与学生的距离。教师更容易听清每一个学生的话，看清每一个学生的表情，并能迅速做出反应，对课堂的控制程度是最高的。

小班课座位安排

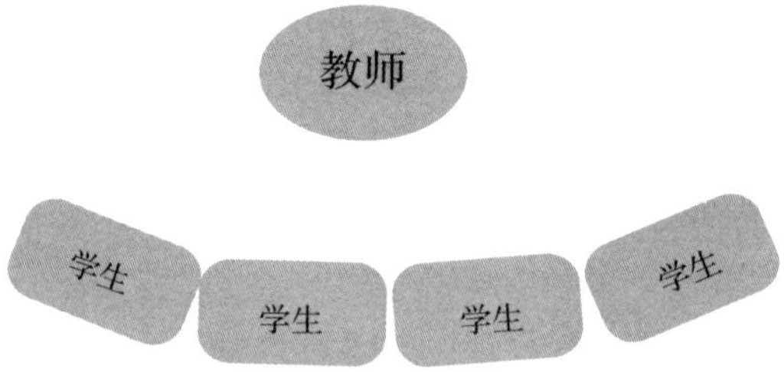

3. 讨论课的座位安排

PIB 和 DSIC 的讨论课座位安排与小班课一样，半圆形的座位安排让学生之间的距离也拉近了，有利于营造一种对话式的轻松气氛，对课堂的控制程度降低。

ACC 的讨论课与其他项目不一样，是一对三或一对二的教学，因此在座位的安排上也不一样。教师的位置不再背对黑板，而是和学生一样，侧对着黑板，这样可以随时看到黑板上的定式，方便提醒学生用定式表达。而且教师是坐着上课的，营造平等的交流气氛。

ACC讨论课座位安排

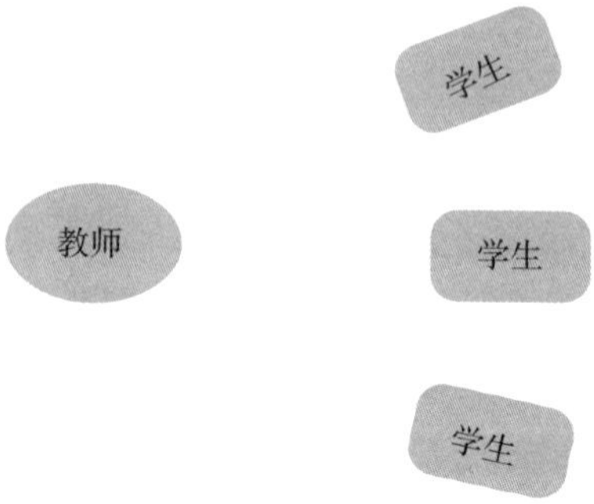

4. 单班课的座位安排

单班课的座位安排比较简单，师生是面对面坐着上课的。教师坐着上课，在视觉上形成了平等的心理感受，有利于学生放松心情，和教师自由地交流。教师对课堂的控制程度降到最低。

单班课座位安排

（二）无形的心理环境管理

1. 人际关系管理

课堂上的人际关系就是师生关系和生生关系。

在美国名校在华汉语教学项目里，学生和学生之间是绝对平等的。教师要对每个学生都很公平，这一点随时都在被强调，项目管理者也采取了各种措施确保这一点。这是美国教育的传统。

师生的关系则有些微妙。师生关系与课堂互动的形式有关，原则上是平等的。然而语言课堂是需要进行语言训练的，教师在课堂上应该是一个权威，对课堂有较强的控制力。因此各个课型的师生关系类型并不一样，有两种类型：（1）师生间不平等互动和学生间的互动，这是大班和小班课堂上的情况；（2）在讨论课和单班课上，教师和学生、学生和学生基本是平等互动。

课堂人际管理的方式有放任（放手）型、专断（掌控）型和民主（联手）型。[①] 精英式强化教学模式采用的是专断型。但是，课堂文化以美国学生的课堂文化为主，开放活跃、兼容并包，学生可自由表达他们的思想。老师更像是学生的一个朋友，而不是权威型。不过通过一些细节也可看出，学生接受了一些关于中国师生之间关系的文化，比如双手递接物品。教师关心、乐于了解学生是许多美国名校在华汉语项目学生能真切感受到的，虽然有些学生不太适应这样的师生关系，但善意能够传递到心底，真诚的关心让师生关系更为融洽，在课堂上的交流才能更加真实、自然、流畅。

美国名校的暑期汉语项目一般都要求学生每天至少在课堂里度过4个小时，而课后仍然有教师与学生共同进行的各种活动。项目里的学生、教师形成了一个特殊的社会群体。由于远离家庭和自己熟悉的社会环境，在这个特殊的社会群体中，归属感对每一个学生都很重要。归属需求指的是一种强烈的心理和情感需要——所有的学生都需要觉得自己是重要的、有价值的、有作用的、受到重视的。学生要体验到一种强烈的归属感，就必须满足合作纪律的“三有”：有能力、有联系、有贡献。这“三有”策略是从精神治疗师、教育学家 Amy Lew 和 Betty Lou Bettner 提出的一个概念发展而来的。他们需要感到自己有能力以符合学校要求的方式完成任务，他们需要相信自己跟老师和同学有着良好的联系，他们需要知道自己能以重要的方式对集体做出贡献。[②] 影响学生在课堂里满足“三有”需求的因素有三个：

- 师生关系的好坏
- 课堂成功氛围的浓淡

---

① 琳达．阿尔伯特（Linda Albert）著，万兆元译．合作纪律：课堂管理指南：第3版［M］．北京：社会科学文献出版社，2012：13

② 琳达．阿尔伯特（Linda Albert），前引书，18

• 课堂结构的适当与否①

PIB、ACC 和 DSIC 模式都强调关注学生的归属需求，这对于有效教学是至关重要的，并采取了各种策略和措施以确保每一个学生得到平等的关注。3 个项目都强调的共同理念是：每一个学生都很重要，必须平等对待，教师不能忽略任何一个学生的需求。

美国名校暑期汉语项目中的学生大多课堂表现得体、态度积极，几乎不会出现国内对外汉语教学课堂上学生不合作、提问时互相推诿或表现懒散的情况。这与学生的素质也许有一定的关系，但学生能够在像 PIB、ACC 和 DSIC 这些暑期项目的课堂中满足“三有”需求也是一个重要的原因。比方说，在这些项目的课堂中，学生与教师及学生之间互相尊重、互相了解，关系很好（有联系）。学生完成听写和作业，并得到一个好分数，或者正确回答了教师的提问，会感到很高兴，有成功的感觉（有能力）。学生能够在课堂上用汉语表达自己的观点，并和其他人交流意见（有贡献）。

三个项目在满足学生的归属感方面都有相应的教学管理策略和课堂管理措施。

策略一：建立师生和生生之间的良好关系。三种教学模式都强调教师应该把学生当作朋友，至少是一个“人”来看待，而不是学习的机器、教学的对象；认为教师与学生应该平等地交流，课堂里的提问应该是真实的询问意见，教师要有了解学生的欲望，也有了解学生的义务；鼓励教师和学生适当地交朋友，但关心的应该是学生的思想，而不是像父母一样去关心学生的起居饮食。

策略二：鼓励策略

在影响学生如何选择行为的因素中，老师的大量鼓励也许是

① 琳达．阿尔伯特，《如何应对学生和学校》（Linda Albert, Coping with Kids and Schools, New York: Dutton, 1984），115

最重要的了。当一个学生和老师之间的每一次互动都让学生觉得自己有能力、与老师有联系、对集体有贡献时，学生所做的绝大多数行为选择都将是积极的。不管学生的文化背景或固有能力如何，他们都会对真正的鼓励做出积极的反应。

不仅是学生需要鼓励，教师同样如此。老师们每天都需要得到大量的鼓励，因为每天老师面临的挑战需要老师们具有超凡的勇气、责任心和奉献精神。

策略三：让每个学生都感觉自己真的有能力完成所要求的学习任务。如针对每个学生的水平来调整问题的难度。

策略四：让学生感觉自己得到了平等的对待，比方说提问时，在叫学生名字之前和之后，环扫所有的学生，而不是只盯着回答问题的学生；尽量不让学生察觉，给自己的问题一般比别的学生容易或者困难；确保每个学生回答问题的次数基本一致，等等。

2. 组织环境管理

组织环境指的是班级结构和同伴之间的关系。组织结构分为正式群体和非正式群体。课堂环境中的班级结构是正式群体。在这些语言项目里，教室位置的安排基本是固定不变的，然而课堂的成员则不是。三个项目对于班级的编排都采取了定期变化的措施，一般是每周改变一次。而教师则每天都会教不同的班级，同时各个课型的教师也不一样。也就是说，一个学生每一周都会有不同的同学，每一天的每一节课都会见到不同的教师。班级结构的定期变化是为了尽量减少教师个人风格和教学水平对学生的影响，同时也是为了防止学生之间形成小团体，避免这种非正式群体可能对课堂教学带来负面影响。

班级结构松散，同伴之间的关系却并不疏远。同伴关系有三种，友好型、敌对型和疏远型。师生每天都一起上课，学生们住宿基本都在一起，又有很多师生集体参加的活动，实际上形成了一个大的群体。群体之间的友好关系对语言教学有利，因此这些语言项目都采取了很多措施来营造友好的同伴关系。

3. 课堂气氛管理

课堂气氛主要是一种情感管理。课堂气氛作为教学过程的软情境，它通常是指课堂里某些占优势的态度与情感的综合状态，是由教师的教风、学生的学风以及教室中的环境相互作用所形成的一种心理状态。课堂气氛通常可以分成积极的、消极的和对抗的三种类型。通过教学观摩不难发现，这三个语言项目的课堂气氛都属于积极的类型。在课堂上，学生思维活跃，积极响应教师的提问，主动表现自己，气氛活跃而又有控制。很少会出现学生紧张拘谨、心不在焉、反应迟钝的情况，更不会气氛失控，学生各行其是、故意捣乱。因此，这些项目几乎不需要在课堂纪律管理方面花费精力。

这是因为在大小班课上，教师频繁点名提问，对课堂控制很严，而在讨论课上，教师引导学生就同一话题互动。单班课上教师与学生进行个人化的交谈。通过导向会的介绍，每天固定的循环教学，以及综合全面的形成性学业评价，学生能够明确学习任务，熟悉课堂教学的形式和程序，再加上友好的同伴关系，很自然地形成了融洽安全的课堂气氛。

（三）课堂环境管理策略

课堂环境管理的原则是为了教学服务，语言教学需要积极的课堂气氛，而积极的课堂气氛来自友好的同伴关系、平等的互动交流，这是精心设计、严格管理的结果。

1. 集体活动促进密切交往

课堂内的友好，离不开课堂外的交往。中文桌子、语言实践、周末的文化体验等集体活动，不仅增加了学生使用汉语的机会，也使师生和生生有了更多的机会交往。项目管理者对于教师在集体活动的行为有许多明确的规定，比方说，周末带学生出去文化体验，教师应该主动融入学生之中，多和学生交流，而不能教师之间结对而行；中文桌子也是一样，教师不能聚在一张桌子上彼此交谈，而是应该散坐在学生之中，与学生交谈，并表示了解学生的意愿。

2. 重视跨文化交际促进相互理解

教师和学生的语言背景不一样，各自的价值观、信仰等文化背景也不一样。语言教学必须重视跨文化交际。项目管理者对教师的跨文化交际意识培养非常重视，而且将跨文化交际的知识和意识融入到了日常的教学工作中。从岗前培训开始，中美文化的差异就时刻受到强调。在备课会上和评课环节，资深教师都会不断提醒新进教师应该从学生的思维习惯、价值取向上去思考教学行为、话题的讨论角度和例句等是否恰当，尊重学生的隐私、宗教信仰和个人价值观的取向。讨论课和单班课给了教师和学生深入交流的机会，让学生有机会了解教师的观点和感觉，促进了师生之间的相互理解。

3. 真诚对话促进平等交流

提问是课堂教学的主要方式，项目管理者希望教师所提的问题都能够引发真实的交际，起码教师提问的态度要表现出真实的交际欲望。许多课文都是带有争议性的话题，学生也很希望了解教师在这些问题上的看法，而教师表达自己真实的想法是被提倡的做法。学生“只有语言的错误，没有观点上的错误”是 PIB 一直强调的原则。也就是说，无论是学生还是教师，各自都可以有自己的看法，教师不能试图将自己的想法强加给学生，也不必非得接受学生的观点。课堂里的交流是语言的练习，而不是政治观点的对决。这是一种对话的态度，是实现平等交流的前提。

4. 共同分享增强群体凝聚力

共同经历、分享经验是加强群体凝聚力的一个途径，各个语言项目都安排了很多集体活动，在课堂上教师也会特意设计例句和活动和学生一起分享集体活动的感受和经验，让师生可以在共同的经历中加深友谊，增强群体凝聚力。除此之外，各个语言项目还采取了一些其他的措施在整个项目内部营造一种大家庭的氛围，主要的措施包括照片墙、布告栏等。

为了让学生能够认识教师，减少陌生感，各个项目都会要求每个教师提供一张照片，贴在项目专门安排的照片墙上。ACC 还增加了学生照片墙。这样做，一来让教师可以更快地熟悉所有学生的情况，方便外出活动时与其他年级学生的交往；二来是营造一个大家庭的归属感。

布告栏也是三个项目都有的管理措施。布告栏上是一些给学生或者老师通知，比方说本周文化讲座的内容和安排，周末文化体验的目的地和介绍。参加这些活动是自愿的，愿意参加的学生和老师可以在布告栏的签名表上签字。学生可以通过布告栏了解项目内的活动安排，保持信息传递渠道的通畅，给学生一种“我身在集体”的归属感。

5. 传达期望形成群体行为规范

三个项目都会通过各种形式向学生传达对他们的期望。从项目最开始的面试，到导向会，这是口头显性地传达，在学习期间，他们被期望表现的行为。

在学习的过程中，每一堂的期望也有相应的检测方式，以确保学生在按照模式所要求的方式学习。大班课的听写检查的是学生是否掌握了当课重点生词和句型的意义、拼音和汉字的写法。听写的批改方式会告诉学生拼音和汉字的写法都受到重视。教学提问是检查学生是否完成了阅读任务，是否看懂了课文，了解了课文的基本情节。小班课的快节奏定式练习，检查学生是否通过预习和大班课已经基本掌握了新定式的意义和用法，是否能在语音和形式上准确无误地输出。教师会在学生出现错误时，讨论课是学生展示预习情况的环节，完成讨论课的作业需要学生对课文相关的问题进行思考，并且在课上尝试用以前学过的和新的定式表达自己的意见。教师的引导和鼓励会让学生了解到，讨论课是同伴之间的讨论，表达自己的意见、与同伴进行语义协商和使用新的定式是被期望的行为，会受到教师的肯定和鼓励。单班课上，教师关于课文内容的提问是希望学生能够运用新的定式和词汇完成一个段落的语言组织和表达，在讨论平行话题时能用上学过的语言点，尤其是当课的定式和词汇是被期望的表现。

这些期望是通过教师的检测手段、教学反馈和态度（主要是鼓励）传达给学生的。这些在群体中形成的统一的期望构成了群体间的价值取向，其作用是形成群体的规范。

6. 良性竞争形成群体动力

明白与同伴的差距和自己努力的方向，可以引发竞争意识，形成群体动力。例如，ACC 在教学区有个区域专门张贴各个年级的优秀作文，这给了学生了解同伴的水平的渠道，这同时也是了解教师对学习期望的一种途径。

三、组织氛围管理

融洽的组织氛围，互相学习、团队协作的精神，是美国名校在华汉语项目的特点。这样的组织氛围主要是通过薪酬制度、激励机制和教师评价形成的。教师评价这里不再赘述，主要分析薪酬制度和激励机制对于组织氛围的形成和作用。

（一）薪酬制度

1. 可获酬劳的教学活动类型

教师参与教学活动并获得酬劳。在美国名校在华汉语项目中，教学活动有三种，第一种是课堂教学，第二种是组织课外活动，第三种是参加培训，被培训或培训。ACC 项目为第一种和第三种教学活动支付酬劳，而 PIB 和 DSIC 项目则区别对待，资深教师作为培训师，参与三种教学活动都获得酬劳，而新教师参加培训是没有酬劳的。

课堂教学是计时的工作，容易计算工作量并支付酬劳。然而，组织课外活动却很难计算工作量。

薪酬制度相关研究表明，薪酬系统的特征是否为员工所熟知和接受是影响薪酬有效性的重要组织因素。员工能否知觉到收入与业绩之间的因果联系以及收入的效价是影响按绩付酬有效性的重要个人因素。只有当员工知觉到收入与业绩之间存在内在联系时，收入水平才会对工作业绩产生积极影响。① 美国在华汉语项目采取了定薪制、合作分工、培训支薪等办法来解决课外活动的工作量计酬问题。

合作分工在项目管理当中非常常见，而在语言教学的管理中却很少见。教师大多独立完成教学工作，对特定的教学对象负责。但在美国在华汉语项目中，学生是流动的，教师并没有固定的教学服务对象。那么教学相关的工作可能无法泾渭分明，很难清楚地划定与其他教师的工作职责界限。按绩付酬，细化地计算每次课外活动的工作量耗时耗力，自然不是短期强化教学项目的好选择。定薪制成了解决矛盾、保持稳定工作动机的好办法。采用定薪制，教师的业绩与收入不再有因果联系，避免了教师之间因利益产生矛盾，为平等合作的团队组织氛围提供了制度保障。

2. 定薪制

ACC 项目无论暑期还是春秋季学期都是采用定薪加课时酬劳的薪酬制度，这在教学机构中是最为常见的一种薪酬制度。薪酬分为 2 个部分，固定工资和额外课时酬劳。超过固定工作量可获得额外课时酬劳。额外工作量只限定为授课课时，而其他教学活动则全部默认为在固定工作量之内。在 PIB 和 DSIC 项目中是没有额

① 吕航．激励与约束——对我国高校业绩津贴分配制度的实证研究［D］．南京：南京师范大学，2003：11.

外工作量的，所有的教学活动都是固定工作量。因为教师是根据学生人数聘请的，这些项目中一般不会超员聘请教师，教师基本不可能请假，需要全身心地投入到教学中。因为时间短，只有2个月，教师一般还可以做到。在聘请合同中会明确一个最大工作量，项目经过多年的运作，一般都能保证教师每周的工作不超过最大工作量。每个人都不用计较工作的多少，所有的工作都由大家集体完成，是形成团队合作精神的制度保障措施。而且教师轮流给不同的学生授课，也接受所有学生给自己进行教学评价。教学评价的成绩与教师的物质激励和精神激励存在关联，教师之间必然会进行隐性竞争。由于教学评价每个学期只有2次，教师在平常的教学中会有意识地表现出教学模式所提倡的一面。

ACC项目很大一部分教师是长期固定教师，长年授课。ACC也实行严格的请假制度，要求所有的教师永远都不请假显然不现实。一位教师请假，就意味着其他教师要增加工作量，因此ACC项目为了避免产生纠纷，增加了额外课时酬劳，用来解决这个问题。

3. 培训支薪

ACC暑期项目需要聘请新教师的话，那么新教师暑期项目支取的是试用期薪酬。把暑期项目定为试用期，暑期项目开始之前的岗前培训也属于试用期，因此参加培训已经可以领取工资。

这么做让新教师在参加培训时已经产生归属感，形成职业意识。其实大部分新教师都可以通过培训，因此ACC的试用期薪酬制并不会让项目承担很大的损失。而岗前培训对于新教师的成长、教学质量的保障，有着至关重要的作用。领取工资有助于让教师们从培训第一天便进入教师的角色，完成从局外人到局内人、学生到教师的角色转变，有利于新教师树立职业意识，增强工作积极性和自觉性。

（二）激励机制

激励机制完善与否，是能否调动员工工作积极性的关键。美国哈佛大学的詹姆斯教授在多年研究的基础上指出：如果没有激励，一个人的能力仅能发挥出20%～30%；如果施以适当的激励，通过其自身努力能使能力发挥出80%～90%。具体激励方法应包括物质激励和精神激励。①

美国名校在华汉语项目的激励方法以精神激励为主，物质激励为辅。

1. 物质激励

PIB和DSIC项目都会从总的酬金预算中抽出一部分作为奖金在项目结束时奖励表现优秀的教师。这项措施与教师的评价挂钩，尤其是PIB项目，奖金的金额与教师评价的分数有直接的联系。奖金制度在项目开始之前就会告知教师。项目通过岗前培训、听课评课和备课会等措施，建立起较为明确的教师教学行为规范。奖金制度有利于促使教师遵守教学行为规范，保持工作积极性，是一种有效的教学质量管理措施。

2. 精神激励

胜任型教师一般很少参加PIB这样高强度的教学项目，而新手教师却趋之若鹜，丝毫不怕辛苦。这是美国名校在华汉语项目精神激励措施的功劳。新手教师在自身职业发展的起点，希望能获得职业上的提升。美国名校在华汉语项目一般会为表现优秀的教师提供到美国名校任教的机会。作为精神激励措施，这样的机会对于渴望职业提升的新手教师来说是非常有诱惑力的，有利于保持稳定的工作动机。当然这样的机会也意味着较高的经济收入，作为物质和精神的双重激励，促使新手教师愿意按照教师行为规范主动地提升自身素质，提高教学水平，在教学活动中投入更多的时间和精力。而听课评课制度、备课会和教师培训等制度则为

① 谷陵．海外孔子学院战略人力资源管理初探［J］．汉语国际传播研究，2011（1）：14.

这种动力和动机提供了实现的途径和制度保障，从而形成了美国名校在华项目中互相学习、积极投入的组织氛围。

本章小结

本章中分析的管理因素都是与教学模式相关的因素，直接影响教学设计的实施效果，这些管理因素应该作为教学模式的有机组成部分，主要包括三个方面的管理：学生管理、教师管理和教学环境管理，借鉴了教学评价、微格教学、知识管理、课堂环境管理等相关理论从教学质量管理的角度分析了学生的学业评价、教师的岗前培训、集体备课、听课评课制度和教师评价、教学环境的语言环境、课堂环境和组织环境等八个方面的管理措施及其实施效果。

教学效果与教学管理水平有直接密切的关系，教学管理水平的高低直接影响教学效果。一个教学模式是否达到预期的教学效果很大程度上取决于教学管理框架是否合理、有效。这里的管理不仅仅指的是课堂管理，更重要的是对学生、对教师的行为规范的管理。用ACC一位资深教师的话来说，只要是在ACC的管理框架下，即使换一种教学方法，也能教出好学生。项目对于教师语言、教学技巧、教姿教态等的明确要求，以及确保这些要求能够落实的措施，是为了促使教师形成教学模式所要求的行为规范。课外活动、作业和成绩评价等是促使学生形成学习行为规范的措施。

语言学习不可能一蹴而就，语言知识转化为能力是一个长期的过程，学习效果的显现和保持同样需要较长时间。一个有效的教学模式应当能够在一段时期内保持良好的教学效果，这不仅仅需要科学的教学方法，更需要合理的教学管理来保障。对于一个教学模式来说，教学管理目的是确保教学模式的实施可以准确无误地体现理念和设计，达到教学模式预期的效果。要达到这一目的，需要与教学效果密切相关的两个因素——教师和学生的密切配合，也就是说，教师和学生的行为都要达到教学模式的要求，这是理想的状态。因此教学管理的目的和作用在于促使教师和学生形成并遵守符合教学模式要求的行为规范。

本章的分析结果说明，精英式强化教学模式的管理框架是合理且有效的。从管理风格上来看，精英式强化教学模式以刚性管理为主，无论是对学生，还是对教师，都有完整而严格的管理体系。通过这些管理措施，教师和学生在群体动力的影响下逐渐了解、理解、接受、自发形成并自觉遵守教学模式所要求的行为规范，而且这些行为规范在不断得到强化（鼓励）之后逐渐内化为行为习惯。这个过程不是一个刺激、反应、强化的被动行为，而是师生为了达到相互的期望而自觉努力、自我约束的主动过程。

第四章　对精英式强化教学模式课堂实践情况的考察

教学模式的理念和设计需要通过实施来实现，这就是教学模式的实践。教学实践情况能够反映教学模式的构建是否合理，实施条件与教学模式之间的互动，以及教学管理在保障教学模式顺利实施方面起到的作用等。

前几章中虽然已有一些教学实践中的实例，不过为了更为深入地了解教学实践的情况，本章将通过 ACC 三个年级四种课型的课堂教学录像对精英式强化教学模式的教学实践情况进行集中考察，主要采用的研究方法包括课堂教学录像转写和数据库统计分析。

第一节　研究思路与方法

一、研究思路

教学模式的实施情况可以通过课堂观察来了解。教学模式在课堂教学中实践情况考察主要关注两个问题，理念和设计意图是否能够在课堂教学中实现，以及教学模式的设计意图是否可以实现预期的效果。我们可以从两个方面进行观察：第一，教师和学生的课堂行为是否能够体现教学模式的理念、遵循教学模式的设计；第二，学生的课堂表现是否达到了教师的预期。这二者的观察结果会给我们带来后续的思考方向：第一，影响学生的课堂表现好与差的直接原因是教学模式的设计因素，还是实施因素（如教师的教学表现）？第二，师生行为模式的统一是教学模式实施成功的表现，那么这种统一是如何达到的？如果没有达到统一，原因是什么，怎么解决？

二、研究方法

结合之前对三种项目所采用的强化教学模式的解析，本书将从最能体现精英式强化教学模式特点的教学策略出发，利用数据库量化分析工具，结合录音转写的文本材料，辅以案例分析的方法，对教师和学生在课堂上的非言语行为和言语行为进行分析，考察精英式强化教学模式在课堂上的实践情况。

笔者收集了 ACC 三个年级四个课型共 8 个学时的教学录像，制定了教学录像的转写和标注规则后，将教学录像进行了文本转写，并输入数据库进行数据统计分析。

（一）转写规则

教师用“T”来代表，学习者用“S”来代表。在同一个课堂里有多个学生的话，分别用 S1、S2、S3……来表示。学习者齐答用“SS”来代表，师生齐说为“T+SS”。

（二）标注规则

1. 非言语行为：

使用英文	L1
写板书	B
提示学生看板书	P
手势示意回答	G
眼神示意回答	Y

2. 言语行为：

学生的言语行为	语音偏误	E1
	语法偏误	E2
	学生重复	CF
	学生重复整句	CFZJ
	独立表达整句	ZJBD
教师的言语行为	讲解	JJ
	教学指令	ZL
	纠错	JC

（三）转写样本

见附录1

（四）信息数据统计

转写完毕将文本导入 Excel 软件建立数据库，统计各项的数值。

具体统计的项目包括：

1. 总体数据：总文字量、总开口数、教师开口数、学生总开口数、各个学生的开口数。

2. 各项非言语行为。

3. 教师和学生的言语行为。

第二节 课堂教学实践情况的分析

课堂教学实践情况的分析角度是根据精英式强化教学模式的主要教学策略确定的，目的是考察这些教学策略在课堂教学中的实施情况与效果。比方说，“精讲多练”已经成为得到普遍赞同的课堂教学原则之一，也就是说课堂教学中教师应该尽量减少自身的语言输出，并尽量鼓励学生进行语言输出。

教师的教学行为对课堂教学的效果起着至关重要的作用，对教师和学生话语输出情况的研究也越来越受到重视。从教学模式研究的角度来看，师生的课堂行为和话语输出情况是了解和考察教学模式理念、设计及其实施情况的重要依据。本书对课堂中学生话语输出的量与质以及教师的课堂教学行为，包括非言语行为和言语行为进行了考察，试图发现精英式强化教学模式的设计意图是否能够很好地在课堂教学中实现。

一、关于正常语速

现在的会议速记使用特殊的输入工具，可以全程同步记录，大约两个小时接近两万字的会议记录。据此推算，中国人的平均语速在150～200字/分钟。

根据转写文本的统计，ACC各个年级各种课型的平均语速情况如下：

表4–1 课堂中平均语速情况统计表

	二年级大班	二年级小班	二年级单班	三年级大班	三年级小班	四年级大班	四年级小班	四年级讨论
总文字数	9846字	10258字	8512字	8761字	8536字	10285字	11892字	7381字
输出时间	46分钟	50分钟	46分钟	50分钟	55分钟	45分钟	52分钟	51分钟
语速字/分钟	214	205	185	175	155	229	229	145
平均值	192字/分钟				中国人平均语速		150～200字/分钟	

从上表中可以看出，ACC各个年级各种课型的语速基本都达到了中国人的平均语速。四年级的大班和小班都保持了非常快的语速，高于中国人的平均语速。这两个班的教师是同一个人，一位经验非常丰富的教师。从229字/分钟这个数值上可以看出，她毫无困难地达到了ACC关于教学语速的要求。三年级的大小班在语速上略低于另外两个年级，这可能跟三年级的教学内容书面语增多、语体较为正式有关。

四年级讨论课上，主要是学生的话语输出，语速也达到了145

字/分钟，只略低于中国人的平均语速。在讨论课上，学生是需要一边理解同学的话语输出，一边做出反应。这中间需要整理思路，边思考边输出，在表示赞同或反对的同时，还要说明自己的观点。从逻辑上来说，应该是较为困难的话语输出状态，语速会比较慢。虽然还不能说明学生已经在用汉语思维，但足以说明 ACC 模式下培养的学生语速是比较快的，话语输出的速度能够跟得上思维的速度。

二、关于学生的多练

“精讲多练”“少讲多练”甚至“不讲只练”是精英式强化教学模式最核心的一条教学策略。在课堂教学中，有以下几个方面可以考察这条教学策略的实践情况。

（一）学生开口率的统计分析

本书对师生在课堂上开口说话的次数进行了统计，以考察学生的开口率。T 表示教师，S 总开口数表示学生在课堂上一共开口说话的次数，包括和教师一起重复的次数，T+SS 开口次数指师生一起重复的次数，S 总开口率=S 总开口次数/总开口次数。数据统计情况如表 4-2。

表 4-2 课堂中学生总开口率情况统计表

	二年级大班	二年级小班	二年级单班	三年级大班	三年级小班	四年级大班	四年级小班	四年级讨论
总开口次数	634	786	370	653	465	886	630	313
T 开口次数	315	394	184	330	226	444	355	138
S 总开口次数	319	392	186	323	239	442	275	175
T+SS 开口次数	233	226	1	76	46	294	84	0
S 总开口率	50%	50%	50%	49%	51%	50%	44%	56%

从总体情况来看，学生在任何课型的课堂里与教师的开口次数都比较平均。在录像转写中，教师只是做出简单的反馈也作为

一次开口录入，因此学生实际的总开口率应高于50%。

不过，我们也可以看出，师生一起重复的次数也是很多的，因此本书对学生的单独开口率也进行了统计，情况如表4-3。

表4-3 课堂中学生单独开口率情况统计表

	二年级大班	二年级小班	二年级单班	三年级大班	三年级小班	四年级大班	四年级小班	四年级讨论
总开口数	634	786	370	653	465	886	630	313
T开口次数	315	394	184	330	226	444	355	138
S单独开口次数	86	166	185	247	193	148	191	175
S单独开口率	14%	21%	50%	38%	42%	17%	30%	56%

在上表中，二年级单班课和四年级的讨论课上，学生的单独开口率仍保持在50%以上，各年级小班课的学生单独开口率也都略高于大班课，这与精英式强化教学模式所设计的学生输出随课型增加的意图相符。大班课上是建立对新句型、生词的语言意识，师生一起重复范句和生词的频率较高，而小班课学生自己输出的机会增多，到讨论课和单班课上学生说话的概率就更高了。讨论上，教师退居二线，只是起引导话题的作用，因此学生的单独开口率甚至高于在单班课上的。

（二）学生话语输出量的统计分析

话语输出量也是一个衡量学生在课堂中话语输出质量的指标。本书对学生在课堂上话语输出的总量也进行了统计。S总输出量是包括学生单独输出以及和教师一起重复的总输出文字量，情况如表4-4。

表4-4 课堂中学生话语输出量的情况统计表

统计单位（字）	二年级大班	二年级小班	二年级单班	三年级大班	三年级小班	四年级大班	四年级小班	四年级讨论
总输出量	9846	10258	8512	8761	8536	10285	11892	7381

续表

统计单位（字）	二年级大班	二年级小班	二年级单班	三年级大班	三年级小班	四年级大班	四年级小班	四年级讨论
T 输出量	8299	6527	1927	5960	6333	7100	4228	2188
S 总输出量	1547	3731	6590	2801	3007	3185	7664	5193
T+SS 输出量	1248	2090	7	1074	804	2038	1606	0
T 输出率	84%	64%	23%	68%	74%	69%	36%	30%
S 总输出率	16%	36%	77%	32%	35%	31%	64%	70%
T+SS 输出率	13%	20%	0.1%	12%	9%	20%	14%	0%

从表 4-4 中可以看出，除了二年级大班以外，其他的课堂中，学生的总输出量均在 30%以上。单班课和讨论课的学生输出量均大大高于教师的输出量，达到了 70%以上，单班课甚至高达 77%。而且这两种课型的师生重复输出量几乎为零，也就是说，学生的话语量与教师的话语量之比已经高到 7 比 1，甚至 8 比 1 了。大班课上的教师输出量都比小班课上的高，符合精英式教学模式对于大小班课型设置的设计意图。

不过也应该注意的是，大小班上学生的输出量中，与教师一起重复的输出量占了很高的比例，说明在这两种课型上密集操练、机械重复的特点十分明显。

教师的教学经验丰富与否和学生在大小班课堂上输出量有直接密切的关系。二年级大班的教师开口率虽然只是 50%，但学生的总输出量只有 16%，远远低于在其他课堂中的输出量。然而四年级的教师在小班课上的输出量低至 36%，在各年级的大小班中是最低的。这位教师虽然在大班课上的输出量达到了 69%，但与其他教师相比也不算高，而且在四年级的大班课上语法和词汇非常书面化，理解难度大，还需要进行一定量的词语辨析，因此需要做的讲解会比较多。

三、关于整句输出

输出的质量有两个指标，一个是量，另一个是质。精英式强化教学模式强调让学生输出整句。学生如果使用省略形式，教师应该让学生补充说出结构完整的句子。因此本书对学生在课堂上使用整句的情况做了统计。整句是指结构完整、意思表达完全的句子。重复整句次数是指教师带读、学生重复的整句次数。独立表达整句次数是指学生独立用整句表达的情况。整句开口率=独立表达整句次数/单独开口次数。具体情况如表 4-5 所示。

表 4-5　课堂中学生整句输出的情况统计表

	二年级大班	二年级小班	二年级单班	三年级大班	三年级小班	四年级大班	四年级小班	四年级讨论
总整句次数	31	76	74	58	44	27	44	76
重复整句次数	27	47	2	6	12	0	12	11
独立表达整句次数	4	29	72	52	32	27	32	65
单独开口次数	86	166	185	247	193	148	191	175
开口整句率	5%	17%	39%	21%	17%	18%	17%	37%

开口整句率的统计数据显示，大小班课上学生的整句输出率比较低，而单班课和讨论课的整句输出情况是非常好的，学生有 2/5 的开口次数输出的都是整句，甚至是整段。在单班课上，二年级的学生虽然语言水平较低，但用汉语表达时句子结构比较完整，意思清楚，可以连贯地表达自己的想法，句法偏误也不太多，而且还有了自我纠错的语言意识。

例如二年级的学生在谈论在一个家庭里谁应该做家务的问题时说：

例 2：[①]：“不要做饭，但是现在很多的家庭越来越现代化，所

① 本章中除例 1 外均来源于笔者转写的课堂教学录像文本库。

以，在有的家庭，你可以看，你可以找到一个丈夫做饭，因为他们喜欢做饭。我，就像在美国，有的丈夫会在家里家务。”

例 3：“对，我有很多的，我也有很多的朋友，他妈妈，不，他的爸爸觉得他的妈妈做饭做得不太好，所以他自己，他做家庭的菜，不是不是一个问题。因为男人小孩子，在，在，我们的国家，男人在小孩子的时候，他们的妈妈教我们怎么做饭，所以他们可以，有的人比女人可以做饭做得非常，好得多，对，所以我的朋友，他的爸爸说我会做饭，你的妈妈，不要不要不要。”

四年级的学生在讨论课上针锋相对，用汉语互相辩论，表达得清楚而流利。句子结构都很完整，会主动使用类似“…是其次，最重要的是…”这样的句型。句法错误也比较少。教师只需要略作提醒，学生就能自我纠正，说明其语言差异意识已经非常强。下面是四年级学生在讨论一个城市的经济发展与环境关系时的原文：

例 4：S2：我觉得这样有点儿危险，因为这个部分已经说了，最近几年，就是油的价格越来越高……

T：石油

S2：石油的价格越来越高，这个炼油厂很忙，然后人们的生活越来越富有。但是，他们说，就是这个时间，这个环境问题变得特别严重。所以我觉得你还想先发展这个城的经济，这个环境问题，真的会，变得越来越严重。

S1：可是只有一年或者两年，所以……

S3：可是赚钱是其次，最重要的是你的人民的健康。再说，你的那些大公司，一年之后可能更有权力，所以，你就很难，控制他们的，的行为。

T：很难控制这些大公司。

S3：对，对。

S1：嗯嗯，我可以看见你们的想法，可是……

T：明白，明白

S1：明白你们的看法，但是，不太赞同。我觉得经济发展是最重要的，我觉得，在我一年，解决环境的问题是其次。

T：第一年

S1：第一年，我觉得环境问题是其次，最重要的是经济发展。

在课堂教学录像中我们还发现，在大小班的课堂上，学生一般开口一次输出的整句一般不会超过一句。也就是说，不论是哪个年级，学生在大小班上，复句以上的成段表达机会是很少的，这很大程度上是因为紧凑的课堂教学节奏。

二年级大班课的学生输出率是最低的，只有 5%。通过观察教学录像，我们发现，二年级大班课的教师不断地提示学生，打断学生的输出，一般都是带领学生一起说出例句。这与教师本身的教学经验不足有很大的关系。

例如，有一个练习的定式是“V 来 V 去”，目标句是“有的同学想来想去结果还是不知道应该采访谁”。

例 5：T：好的。那上个星期，你要写什么？……独立报告

SS：独立报告

T：很好。那你要写独立报告，你要采访中国人，一起再说。

SS：采访中国人

T：哎，好的。那有的同学想了很长时间，他还不知道采访谁。应该怎么说？

S2：呃……有的同学……呃……

T：想来（一直带学生说，而不是让学生整句输出）

S2：想来

T：想去

S2：想去

T：哎，对。结果还是

S2：结果还是想去……

T：结果还是不知道

S2：结果还是不知道谁……

T：应该

S2：应该采访谁。

T：非常好。采访谁？再说一次。

SS：采访谁

T：所以有的同学怎么样？再说。

T+SS：有的同学想来想去结果还是不知道应该采访谁。

T：应该采访谁。再说。

T+SS：应该采访谁。好的

T：那你们要找要采访中国人，找了很长时间吗？

S1：找……一个小时……

从上面的例子中可以看出，学生的输出其实非常破碎。老师为了让学生说出心目中的句子，一直提示。最后整句其实是老师说出来的，也没有让学生单独再重新说一次。

四、关于教师的精讲

从话语输出量的统计来看，大班课的教师输出量比较大，根据模式的设计，在大班课上教师需要做一定量的讲解，那么教师在课堂上的讲解行为情况如何？本书对教师在各种课型的课堂中进行讲解的次数和输出的文字量也做了相应的统计，情况如下：

表 4-6 课堂中的教师讲解情况统计表

	二年级大班	二年级小班	二年级单班	三年级大班	三年级小班	四年级大班	四年级小班	四年级讨论
教师讲解次数	42	9	3	24	5	7	11	10
教师讲解文字量	2111	254	122	1310	364	369	813	444
占教师输出量的比例	21%	2%	1%	15%	4%	4%	7%	6%
平均值	8%							

根据统计数据可以看出，除了二年级和三年级的大班以外，教师的讲解文字量占教师总输出文字量的比例基本都很低。总体平均值只有8%。这与两位老师的教学经验不足有一定的关系。从下面的例子中不难看出，精英式强化教学模式讲解语法点的一般做法是用非常简短的话让学生了解句型的意义，然后用例子来引导学生自己理解、归纳用法，但二、三年级的大班老师由于经验不足，还是会不自觉地去“告诉”学生用法。

二年级大班老师讲解举例：

例6：“但是小心，如果你用这个句子，用这个句子，常常A是更重要的，你要做的更重要的事情，然后同样的时间你要做它，明白？那比如说，嗯，有的同学，他们周末的时候要去酒吧喝酒，那在喝酒的时候，他也要采访中国人，那所以，如果你要用这个句子怎么说？他在酒吧，在酒吧做什么？”（同时）

例7：“好了，这是同时的第一个意思，差不多和而且一样。第二个意思是什么？对了，一样的时间也是同时，那比如说，哦，我来ACC学中文，一样的时间，我也要交中国的朋友，对不对，所以，我要怎么样？”（…的同时）

三年级大班老师讲解举例：

例8：“好，你要给别人解释这个词是什么意思的时候，你可以用，所谓的……是指这个结构，好，那所谓的独生子女文化是指父母培养什么人的时候形成的文化呢？”（所谓的……）

例9：“好，注意A是B的象征，A一定是一个具体的事情或者做法，B是一个抽象的东西，这个具体的东西能说明那个抽象的东西的那个比较深的意思，好，那什么是地位或者成功的象征？”（A是B的象征）

四年级大班老师讲解举例：

例10：“哎，那么这个句型常常是说，哦，你现在是父亲，是妻子，所以应该做什么啊，比方说，身为人父，对孩子应该负有什么责任呢?”(身为人…)

例 11:“进一步一定是以前你已经做了一次，你觉得不够，我要再来一次。刚才我们都说了中国人不能不敢报警，能不能说明他们懦弱自私，可以吗?可不可以说明懦弱自私?哎，很好，中国人不敢做什么啊?”(进一步)

五、关于全程纠错

全程纠错是精英式强化教学最为突出的教学策略之一。那么教师们在课堂上是否严格执行了这一要求?这个教学策略的实施效果如何?本书对课堂中学生的语音偏误、语法偏误以及教师的纠错行为分别进行了统计，情况如表 4-7 所示。

表 4-7 课堂中的纠错行为统计情况表

	二年级大班	二年级小班	二年级单班	三年级大班	三年级小班	四年级大班	四年级小班	四年级讨论
语音偏误(E1)	8	20	24	40	27	28	15	14
教师纠音次数	8	19	24	38	24	28	14	6
语法偏误(E2)	2	8	11	8	6	8	6	44
老师纠正次数	2	8	11	8	4	8	5	36
	二年级大班	二年级小班	二年级单班	三年级大班	三年级小班	四年级大班	四年级小班	四年级讨论
纠错总计(次)	10	27	35	46	28	36	19	42
纠错率	100%	96%	100%	96%	85%	100%	90%	72%

总的来说，课堂中学生的语音偏误和语法偏误都不太多。连二年级的学生发音都十分标准，发错的情况并不多。这大概有三个方面的原因:

第一，大小班课上，教师对学生语言的控制比较严，基本都会先带说新的生词、句法，让学生重复几次之后再自己说。学生带着新鲜的记忆，因此很少说错。二年级的情况尤其明显，教师带说的比例非常高，从大班课14%和小班课21%的学生单独开口率也可以看出，学生自由输出的次数很少，犯错的概率自然也很低。

第二，学生大多来自采用相同教学模式的美国大学中文系，在美国的时候被同样严格地要求。

第三，学生在课堂上采取了回避策略，避免自己由于创新而犯错。

第二和第三点都在给学生的访谈中得到了证实。学生认为，“丢面子不算什么，已经习惯。但是大班课和小班课都很快，如果我说错了，老师要改我，要花很多时间。我已经知道老师要我说什么，然后我说什么。”

单班课和讨论课上，学生可以自由地使用语言。二年级的学生使用的语言句子结构简单，词汇也很普通，所以出错也不太多。四年级的学生使用了比较复杂的句子结构，词汇也很书面、正式，表达的意思比较丰富，是所有课型当中出错情况最多的，不过语言差异意识已经非常强。从这些学生的总体语音面貌和输出情况来看，精英式强化教学模式的既强调准确度又重视流利度的教学原则取得了很好的效果。

这种效果与教师严格执行纠错策略是分不开的。从统计的结果来看，大班课基本做到了有错必纠、全程纠错，二、四年级的大班老师都是100%的纠错率，三年级的大班老师也高达96%。单班课是个人化的一对一课，教学任务之一是进行有针对性的纠错。单班课的教师虽然是新老师，但也非常严格地遵守了有错必纠的要求。小班课的节奏很快，有时教师在注意学生输出内容的时候，会忽略学生的错误。但如果教师意识到了，都会主动纠错。小班课的纠错率还是比较高的，三年级小班的教师略低一点，为85%。讨论课的纠错率是最低的，为72%。这与讨论课的互动方式有关。讨论课上主要是生生互动，教师为了保持学生之间交流的顺畅，会适当放宽对学生错误的容忍度。

总的来说，教师们都比较严格地执行了有错必纠、全程纠错的要求，符合精英式强化教学模式的教学原则。学生也能够接受并习惯这样的严格纠错，课堂教学总体上也比较流畅。从学生的输出情况来看，这种教学策略是有效的，能够达到模式设计者的预期。

六、关于示意学生回答的教学指令

精英式强化教学模式对于课堂教学效率要求非常高，希望教师能够充分利用几乎每一秒钟来让学生开口说话，而不要浪费一分钟在任何与学生输出无关的教学行为上，无论是语言上的还是非语言的。从对语速的分析中已经可以看出，教师们对课堂时间的利用率非常高。课堂教学指令是控制课堂教学节奏最重要的手段，因此本书对精英式强化教学模式的课堂教学指令使用情况进行了标注和统计，包括语言类的和非语言类的。

师生问答互动是精英式强化教学模式的课堂中最主要的互动形式，除了教师提问以外，示意学生回答的教学指令是最常见的引起互动的方式。通过观察发现，示意学生回答的教学指令主要有两种类型。一种是言语类的指令，最为常见的就是“再来，再说，一起说”之类的，另一种是非言语类的指令，如用手势或眼神示意回答。本书对这两类指令的使用情况都做了统计，情况如表 4-8 所示。

表 4-8 课堂中的教学指令统计

	二年级大班	二年级小班	二年级单班	三年级大班	三年级小班	四年级大班	四年级小班	四年级讨论
手势示意回答次数	33	220	15	142	107	53	18	23
眼神示意回答次数	5	225	4	18	0	9	9	24
语言指令次数	102	152	0	21	18	49	17	10
总计	140	597	19	181	125	111	44	57

根据数据显示，教师在课堂中使用教学指令的风格各异，有的习惯用言语指令，有的则更喜欢用非言语类的指令，也有的会同时使用。总的来说，非言语类的指令使用更为频繁，节省教学时间，加快了课堂教学节奏。

从文本中可以发现，教师的言语指令都非常简短，大小班上最常用的就是“再来”“再说”“一起来”“一起说”“再说一次”和“再来一次”等。教师有各自的言语风格，但在教学指令却保持了惊人的相似性。在单班和谈论课上，这些言语指令都会减少，“你接着说”成了使用频繁的言语指令，体现了教师对课堂控制力的自觉减弱。

在课堂教学录像中我们观察到，言语指令一般只用于两种情况。第一种是引入新的语言点，进行机械性重复。这种情况在大班上出现得最为频繁。另一种是教师纠错时，为了建立正确的范句或训练语音时发出。这在大小班课上的使用频率都非常高，讨论课和单班课上只偶尔出现。上述情况证明教师在课堂指令方面完全符合精英式强化教学模式的要求。

七、关于其他教学行为

那么教师在其他教学行为上的表现如何？是否符合精英式强化教学模式的要求？本书对课堂录像中比较常见的其他教学行为进行了统计，具体情况如表 4–9。

表 4–9　课堂中教师其他教学行为统计情况表

	二年级大班	二年级小班	二年级单班	三年级大班	三年级小班	四年级大班	四年级小班	四年级讨论
使用英文（L1）	0	1	3	0	0	1	0	2
写板书（B）	3	0	0	1	4	0	2	0
提示看板书（P）	28	37	0	15	15	3	2	0
总计（次数）	31	38	11	16	19	4	4	2

（一）关于使用英文

由于绝大多数教学对象的母语是英语，所以不说英语是美国名校在华汉语项目中对师生的统一要求。教师在课上课下不仅有监督学生的责任，自己也要以身作则，在课堂教学中更是不能主动使用英文了。所以在课堂里，几乎听不到英语。但是在统计数据中我们可以看到，不用英文也不是绝对的情况。那么这些教师都在哪些情况下使用了英文，是教师个人的行为，还是教学模式所允许的教学行为呢？

通过对转写文本的搜索，我们发现教师使用英文有这么几种情况：

1. 提示生词的意思

二年级小班老师使用英文是为了提示抽象生词“发展”的意思。学生忘记了“发展”的意思，教师用英语提醒，这是被允许的情况，目的是避免用简单的中文进行解释，浪费课堂教学时间。

例 12：T：好的。中国要发展经济，那应不应该注意环境问题呢？

S：发展是？

T：发展是让她更好，develop。

二年级单班老师使用英文也是为了提示抽象生词“性格”的意思，但从使用的情况来看却是不符合教学模式要求的，因为学生知道“性格”这个词的意思，而且也用对了。这与单班老师是一位新手教师有关，说英文是担心学生不明白这个“难生词”的意思，下意识地想要解释。从统计数据来看，这位老师也是使用英文最多的。

例 13：S：我不记得，告诉我，哦，她的性格不太好，我不喜欢，但是他是我的姐姐，我应该爱他，可是，我不知道。

T：性格，还记得吗？personality（学生笑，并重复英文），性格，我们之前，记得直爽，直爽是一种性格，热心，（展示汉字）

性格是这个，记得吗？

学生的反应说明，学生对于不能说英文的要求是十分清楚的，而且知道在这种情况不应该说英文，所以开玩笑地跟着老师说英文。这种情况是各个美国语言项目想尽力避免的情况。由此看出，要求教师只能在不得不说的情况下才能用英语的管理措施是必要的。

2. 教师重复学生说的英文

从后面的对话（例 12）中可以看出，二年级单班的教师在例中重复学生说的英文，只是下意识地在重复学生的话。

例 14：S：可以是我的妈妈，可以是我，可以是我们有一个，Maid？

T：Maid。

S：可以是她，是，对，或者是我的，我有两个姐姐，一个姐姐已经结婚，但是还有一个在我的家，可以是她。

T：你们的分工清楚吗？（笑）

学生说一个英文词是希望老师告诉她这个词用汉语怎么说，而且也用简单的汉语进行了解释，但老师采取了回避策略。而且“保姆”这个词并不是课文中生词，她不想在这个词上纠缠，结果学生只能继续使用英语来表达，因为正在谈论的话题是谁应该承担家务，“保姆”这个词避免不了。

例 15：S：哦，不是我的爸爸，哦，是一个，我们有一个 maid。

T：是一个保姆。

S：保姆是一个，可以看一看（查字典）。

T：可以看一看，maid 是保姆吗？

S：保姆。

T：就是你们花钱请一个人吗？

S：对，我们会给她钱，是，侍女……

T：是侍女，那么，在汉语里面，我们现在都叫保姆。

由此可见，课堂教学中情况复杂，新手教师很难把握使用英语的尺度和时机。严格规定不能使用英语的实施效果不佳，因此要求只能使用词语，不能说句子，已经是能够做出的最细致的规定了。在教师培训中，不说英语是被反复强调的规定，如果增加教学录像中的实例分析可能会对新教师有更大的帮助。

3. 作为教学指令

四年级的大班老师使用了一次英文，是作为教学指令，要求一个学生重复一个比较难的发音。这位老师曾经在美国大学工作，英语非常流利。她的教学经验十分丰富，也是 ACC 的培训师之一，使用英文应该是无意识的行为。

（二）关于板书的利用

ACC 的大小班一般都使用 PPT。教师在备课的时候除了会列上本课的新生词以外，还会尽量把例句中学生可能想不起来的词和句型都放上去。从统计数据来看，总的来说，教师在课堂上很少写板书，而利用 PPT 则相对比较频繁。在其他美国名校在华汉语项目中，有的不提倡也不禁止使用 PPT，但板书的原则和 ACC 制作 PPT 的原则是一样的。笔者在 PIB 和 DSIC 两个项目中两种方法都使用过，切身的体会是这样做可以大大节省课堂教学时间。提前写好板书一般来说更加节省备课时间，在课堂教学中也可以更加灵活地使用板书上的内容，而且写板书本身也是教师，尤其是大班教师整理教学思路的一个好办法。

大班课和小班课板书的使用率比较高，单班课和讨论课为了交际的顺畅而基本很少使用，如二年级的大班和小班老师都提示了近 30 次学生看板书，单班课老师则没有提示，只在纸上写了 2 个词。随着学生水平的提高和教师经验的逐渐丰富，板书的使用率越来越低，说明师生都能很好地适应精英式强化教学模式的快节奏高强度师生问答互动的教学方法。

本章小结

精英式强化教学模式成功的原因如果用一句话来概括，可以说是“学生学汉语学到每一分钟，教师备课备到每一句话”。无论是教师还是学生，在这种模式下都必须投入大量的时间和精力。当然高强度和长时间的工作与学习并不一定都能取得好的效果。合理的教学策略是有效教学的前提，而教师和学生符合教学模式要求的行为才是有效教学的根本保障。

本书通过转写课堂教学录像，统计分析课堂教学中师生相关的言语行为和非言语行为，结合转写文本提供的真实教学情境，从平均语速、师生的开口率、话语输出量、整句输出率、教师的纠错率、讲解行为以及其他教学指令等七个方面，考察了课堂中关于正常语速、全程纠错、大量输出、整句输出、精讲多练等教学策略的实施情况。

分析结果说明，精英式强化教学模式的教学策略在课堂教学中基本能够实现，并且实施效果良好。

一、学生话语输出的质和量

1. 课堂中师生的平均语速达到了正常语速的要求。

2. 学生在任何课型的课堂里与教师的开口次数都比较平均，实际的总开口率应高于 50%，不过在大小班课上学生大多是和教师一起重复，单独开口率在 20%左右。

3. 除了二年级大班以外，其他的课堂中，学生的总输出量均在 30%以上。单班课和讨论课的学生输出量均大大高于教师的输出量，达到了 70%以上。大小班上学生的输出量中，与教师一起重复的输出量占了很高的比例，说明在这两种课型上密集操练、机械重复的特点十分明显。大班课上的教师输出量都比小班课上的高，符合精英式教学模式对于大小班课型设置的设计意图。

4. 大小班课上学生的整句输出率比较低，而单班课和讨论课的整句输出率很高，学生输出整句的比例达到了单独开口率的40%，能够成段输出。

5. 学生总体语音面貌佳，语法错误也不多，用汉语表达时句子结构比较完整，意思清楚，可以连贯地表达自己的想法，有自我纠错的意识和较强的语言差异意识。

二、教师的教学行为

1. 教师的讲解文字量占教师总输出文字量的比例基本都很低，平均值为8%。

2. 教师们都比较严格地执行了有错必纠，全程纠错的要求，纠错率最高100%，最低72%。

3. 示意学生回答时，言语指令都非常简短，而非言语类的指令使用更为频繁，节省教学时间，加快了课堂教学节奏。

4. 教师极少使用英文。

5. 教师极少在上课时间写板书。

6. 教师的板书（PPT）准备得十分周详，利用率较高，减少了学生回忆生词的时间，能够有效提高教学效率。

第五章　精英式强化教学模式的框架、成功因素、局限性及启示

美国名校在华汉语项目的教学模式大同小异，有其共性也各具特色，良好的教学效果证明它们都不失为汉语教学模式的成功典范，对于全球的汉语教学具有借鉴价值。总的来说，精英式强化教学模式作为一个以密集强化为特点的汉语速成教学模式，它之所以能够成功，是因为模式的构建和实践都遵循了速成教学的原理，即充分挖掘和利用教学过程的各个因素和过程本身的潜能，建立了最优化的教学过程[①]。然而任何教学模式都有其局限之处，精英式强化教学模式除了模式所要求的实现条件很高、推广较为困难以外，模式本身也还存在提升的空间。

本章将提炼精英式强化教学模式的框架，重点讨论精英式强化教学模式的成功因素及其局限，并在此基础上探讨该模式对国际汉语教学的启示。

表 5-1　精英式强化教学模式的框架

（一）教学目标和教学法理念	1. 教学目标：全面培养学生的汉语交际能力。听说读写能力全面发展，并能够使用所学的语言进行学术性的交流。 2. 教学法理念：语言交际既为学习目的也是学习方式，语言教学必须将语言结构和语言功能结合起来。

① 崔永华．汉语教学的教学类型［J］．语言文字应用，1998（2）：49.

续表

（二）总体设计	教学的总体设计	1. 课程规划密集强化，程序固定，循环进行。 （1）8～14 周为一个完整的教学周期。 （2）连续学习 5 天，周五有考试，每周循环进行。四周进行一次总复习考试。 （3）每天课堂教学程序固定不变，持续 3.5～4 个小时。 2. 课程设置 （1）课堂教学课堂教学的基本课型为四种，大班讲练课、小班操练课、讨论活动课和单班谈话课，内容以同一篇课文为中心。 （2）课外活动 3. 教学内容 既重视语言结构，又兼顾语言功能；重视听说，兼顾读写，口语和书面语同时学习，偏重于较为正式的书面语教学。文化方面重视能反映中国文化深层的思想内容、思维方式和行为规范方面的文化现象分析。 4. 教学方法 采取综合教学的方法，听说能力以课堂教学为主，辅以教师指引下的社会交际活动；读写能力以有指导的自学为主。语言项目教学以语言组块为单位，淡化语法，重演绎轻归纳。语言形式和语言功能结合，在“做中学”。师生问答互动是主要的课堂活动方式。
	管理的总体设计	1. 学生管理：学业评价、教师评价教学和教学管理评价 2. 教师管理：岗前培训、集体备课、听课评课和教师评价等 3. 教学环境管理：语言环境、课堂环境管理和组织气氛管理
（三）实施层面	教学操作层面	1. 教学策略 （1）鼓励交流，全程纠错。 （2）以学生为中心，教师主导，精讲多练。 （3）语言结构为中心，但淡化语法，随讲随练，演绎为主。 （4）隐性的深层文化教学。 2. 课堂教学程序 大班课：课文内容提问——重点语法讲练——提问回到课文内容，循环进行，随时纠错。 小班课：提问引出范句——重复建立范句——提问练习重点语法——提问过渡到下一个范句，循环进行，随时纠错。 讨论课：提问引出课文主题相关话题——就此话题展开讨论——结束此话题，提问引出下一个话题，循环进行，适时引导使用新学的语言结构，适时纠错。 单班课：提问引出个人化的话题，与课文主题有无关系均可——就此话题展开讨论——结束此话题，提问引出下一个话题，循环进行，适时引导使用新学的语言结构，随时纠错。

续表

实施层面	教学操作层面	3. 主要教学技巧：正音纠错技巧、提问技巧、教学内容呈现技巧、控制课堂节奏的技巧、引导谈话的技巧。 4. 教材编写与选择 一般自行编写，动态管理，适时更新。语言真实、自然，没有严格的语法、词汇大纲。话题广泛，关注热点问题，思想性强。
	管理操作层面	1. 学生管理的措施 2. 教师管理的措施 3. 教学环境管理的措施

精英式强化教学模式与明德模式的联系

美国名校在华汉语项目中所实施的精英式强化教学模式可以视为“明德模式”在目的语环境下的“变体”，是“明德模式”的继承与发展。

表 5-2　采用“明德模式”的原因

比较项目 / 比较分析	教学方面				管理方面
	教学理念	教学策略	课堂教学安排	课型设计	
相同之处	+	+	+	+	+
不同之处					

虽然办学地点改到了中国，美国名校在华汉语项目仍然采用了美国明德中文暑校的教学模式，除了明德模式在长期实践中的良好效果之外，笔者认为还有以下几个原因：

首先，美国名校在华汉语项目的管理者都出自明德中文暑校，PIB 项目的创办者周质平教授更是明德中文暑校的第二任校长。

其次，这些项目中的骨干教师大部分都有在明德中文暑校任教的经验，至少也是在美国名校的中文系执教过的教师。

再次，这些教师早已接受并熟练掌握了明德模式，在各自所属的美国大学中也采用了几乎相同的方式进行日常的中文教学。如此一来，明德模式也就成了作为主要学生来源的美国名校中文系学生所熟悉的教学模式。

最后，教学模式主要根据教学对象的特点来设计的，作为短期强化项目，采用学生较为熟悉的教学方式有利于学生尽快适应新的学习环境。

表 5-3　精英式强化教学模式的成功因素："多练"

教学法理念方面	多元综合，实用主义
教学设计与实施方面	1. 充分利用学生的思维水平来提高语言水平 2. 课程设置围绕学习过程设计 3. 在用中学，边学边用，学以致用 4. 重视操练，以旧带新，循环教学，提高重现率 5. 教学活动和互动方式的设计符合学习者的特点
教学管理方面	1. 激励机制合理，促进教学质量 2. 刚性管理制度，柔性管理风格 3. 重视教学实践知识，促进教师专业发展 4. 团队合作氛围好，责权明确效率高 5. 知识管理有平台，教学经验共享快

表 5-4　精英式强化教学模式的局限性与不足之处

实现条件上的局限性	1. 教学对象成分单一； 2. 对于教师的要求很高； 3. 即使是目的语环境这个看似简单的教学环境要求，也是需要管理者和教师投入大量的时间、精力和心思才能实现。
教学方面的不足之处	1. 中高级教学内容过于文学化； 2. 答多问少，学生提问能力差； 3. 复习环节少，遗忘率高； 4. 学习任务重，真实交流少； 5. 语言教学只重演绎，不重归纳。
管理方面的不足之处	1. 考试利用不够充分，评价体系可更科学； 2. 激励机制不可持续。

表 5-5 精英式强化教学模式对国际汉语教学的启示

1.	充分发掘教学实践中行之有效的教学技巧。
2.	教学内容不应局限于生活层面或文化知识。
3.	教师应树立多元文化观，培养文化敏感性。
4.	汉字教学时间能缩短，随文识字可行。
5.	师资培训定位要明确，教学实践知识是重点。
6.	教学机构应建立培养模式，培养培训师团队。

第一节 精英式强化教学模式的框架

通过前文对精英式强化教学模式的分析，本书认为精英式强化教学模式的框架至少包括三个部分：理念、总体设计与实施层面。总体设计与实施层面都包括教学和管理两个方面。下文将阐述精英式强化教学模式在各个部分的具体内容。

一、精英式强化教学模式的教学理念部分

关于语言本身，精英式强化教学模式认为语言首先是人际交往的工具，同时也是文化的载体和思维的工具。语言是一个整体，语言知识和技能不可分割，语言形式和功能密不可分。

关于语言习得的途径，精英式强化教学模式认为语言习得必须通过语言交际互动，教学结构是语言交际的材料，大剂量输入和输出是学生习得语言的关键。

由此确定精英式强化教学模式的教学目标和教学法理念如下：

1. 教学目标：全面培养学生的汉语交际能力。听说读写能力全面发展，并能够使用所学的语言进行学术性交流。

2. 教学法理念：语言交际既为学习目的也是学习方式，语言教学必须将语言结构和语言功能结合起来。精英式强化教学模式

的教学法理念综合了各种教学法的长处，主要包括以语言结构为中心的听说法，全浸式强调师生言语互动的直接法，提倡学以致用的交际法，和以用促学、边用边学的任务教学法。

二、精英式强化教学模式的总体设计部分

教学模式的总体设计层面，是教学模式的设计者依据教学理念、根据具体的教学对象和教学环境所设定的课程规划、课程设置、教学内容、教学要求（各个课型的教学目标）、教学方法等。

精英式强化教学模式的总体设计分为教学和管理两个部分。

（一）教学的总体设计

1. 课程规划

精英式强化教学模式的课程规划最明显的特点是密集强化，程序固定，循环进行。具体内容如下：

（1）8～14 周为一个完整的教学周期。

（2）连续学习 5 天，周五有考试，每周循环进行。四周进行一次总复习考试。

（3）每天课堂教学程序固定不变，持续 3.5～4 个小时。

2. 课程设置

精英式强化教学模式的课程以学生的学习过程为中心进行设置，分为课堂教学和课外活动两个部分。学习语言结构，运用语言结构进行交际，习得语言结构，提高语言水平。根据这样的学习过程，精英式强化教学模式设计了以课文为本的教学程序，语言结构是课堂教学的中心，语言运用是课外活动的目的。

（1）课堂教学

课堂教学的基本课型为四种，大班讲练课、小班操练课、讨论活动课和单班谈话课，内容以同一篇课文为中心。学生在大班课和小班课上学习和练习语言结构，达到语言结构自动化输出程度；在讨论课和单班课上创造性地使用这些语言结构，达到语言

结构初步内化的程度。

（2）课外活动

课外活动进行语言实践，是课堂教学的延续。基本的活动形式包括：与课文主题直接相关的语言实践活动，以及与不同对象进行语言交际的其他语言交际活动，即与语伴及中国家庭交流、和教师交流的中文桌子、兴趣课堂、中国文化活动体验、文化专题调查等。

3. 教学内容

精英式强化教学模式所确定的教学内容包括语言系统的各个方面，既重视语言结构，又兼顾语言功能，重视听说，兼顾读写，口语和书面语同时学习，偏重于较为正式的书面语教学。文化方面重视能反映中国文化深层的思想内容、思维方式和行为规范方面的文化现象分析。

4. 教学方法

精英式强化教学模式采取综合教学的方法，听说能力的培养以课堂教学为主，辅以教师指引下的社会交际活动；读写能力的培养则以有指导的自学为主。语言项目教学以语言组块为单位，淡化语法，重演绎轻归纳。语言形式和语言功能结合，在“做中学”。师生问答互动是主要的课堂活动方式。

（二）管理的总体设计

精英式强化教学模式根据教学模式的实现条件设计了管理框架，进行教学质量管理。管理框架分为三个主要部分，即学生管理、教师管理和教学环境管理。管理的策略是高标准、严要求，有高的期望，才有好的表现。管理的原则是以学生为中心，以学生学习语言的效率为根本出发点。精英式强化教学模式对学生学习行为的要求是“有备”和“多练”，而对教师教学行为的要求是“有备”和“精讲”。

学生管理主要通过学生学业评价来培养学生形成学习行为

规范。

教师管理主要通过岗前培训、集体备课、听课评课和教师评价等管理措施来保证教师达到教学行为规范的要求。

教学环境管理主要通过语言环境、课堂环境管理和组织气氛管理来进行。

三、精英式强化教学模式的实施层面

教学模式的操作层面是教学模式最具体的表现，最能反映教学模式的特点。教学部分主要包括教学策略、教学程序、教学技巧和教材选编等。管理部分包括以下几个层面。

（一）教学操作层面

1. 教学策略

（1）鼓励交流，全程纠错。精英式强化教学模式注重流利度，但更强调准确性；课堂教学以鼓励交流为主，以全程纠错来监控学生的语言输出质量。

（2）学生为中心，教师主导，精讲多练。在大班与小班课上以学生练习为主，教师精讲，讲解的内容一定要进行练习。讨论课和单班课设计与学生积极参与的语言互动交际活动，教师在活动中只起引导、调节的作用，尽量“不讲只练”。

（3）语言结构为中心，但淡化语法，随讲随练，以演绎为主。精英式强化教学模式认为扎实的语法基础是语言学习的关键，提倡以语言形式为中心的结构教学，但并不进行系统的语言知识教学，而是按照语言结构在课文中出现的顺序，随讲随练，不做系统的归纳，让学生在多种语境的情景化对话练习中自己感知和归纳语言结构的使用规则。

（4）隐性的深层文化教学。精英式强化教学模式不以改变对文化的态度为教学目标，也不把浅层的文化符号作为教学内容，而是在对能够反映思维方式、价值取向、意识形态、行为模式等深层文化因素的文化现象进行描述、分析、对比，在辨别中进行隐性的深层文化教学，达到了解的程度即可，而不强求认同。之所以说是隐性的，是因为并没有一个明确的文化教学目标或者大纲，而且与之相比，在讨本书化现象的过程中，习得用以承载文化信息的语言结构才是教学最重要的目的。

2. 课堂教学程序

四种课型的教学程序不一样。最基本的教学程序为：

大班课：课文内容提问——重点语法讲练——提问回到课文内容，循环进行，随时纠错。

小班课：提问引出范句——重复建立范句——提问练习重点语法——提问过渡到下一个范句，循环进行，随时纠错。

讨论课：提问引出课文主题相关话题——就此话题展开讨论——结束此话题，提问引出下一个话题，循环进行，适时引导使用新学的语言结构，适时纠错。

单班课：提问引出个人化的话题，与课文主题有无关系均可——就此话题展开讨论——结束此话题，提问引出下一个话题，循环进行，适时引导使用新学的语言结构，随时纠错。

3. 主要教学技巧

（1）正音纠错技巧：有错必纠，区别对待。语音重点纠规律性偏误。

（2）提问技巧：主要采用以旧带新的方式，教学提问和信息提问交替进行。

（3）教学内容呈现技巧：以课文主题的叙事逻辑为线索，以语言结构为纲，以提问进行引导，在板书上呈现教学内容，即“主题导入法”。

（4）控制课堂节奏的技巧：具体方式主要有保持正常语速、频繁带读、使用简短或非言语类课堂指令及缩短导入语等。

（5）引导谈话的技巧：话题明确，矛盾明显，提问引起生生互动，板书关键线索和语言结构，适时提示，及时打断或转移话题。

4. 教材编写与选择

精英式强化教学模式的教材一般自行编写，动态管理，适时更新。语言真实、自然，没有严格的语法、词汇大纲。话题广泛，关注热点问题，思想性强。

（二）管理操作层面

管理操作层面是一系列具体的管理措施的集合。精英式强化教学模式在管理操作层面的具体管理措施如下：

1. 学生管理的措施

综合而全面的学生学业评价体系：学习前有安置性评价，学习中实施形成性评价，学习结束时进行终结性评价。评价方法以考试为主，也采用观察、讨论等方法。特点是把学生学习的全过程作为评价对象，在过程中评价学生的表现。

2. 教师管理的措施有

（1）“工作坊”式的密集强化岗前培训，实行微格教学，大量试讲，多重点评，培养教师实践能力。

（2）进行知识管理。定期集体备课，听课评课，分享教学经验；建立知识共享平台，分享备课材料和教学录像。

（3）定期进行教师评价，评价指标评分与开放式评语相结合。

3. 教学环境管理的措施

（1）严格执行语言誓约，营造目的语学习环境。

（2）座位按课型安排，以便于控制课堂节奏或营造对话的轻松气氛。

（3）班级结构松散，定期变化成员，形成平等的大集体意识和友好的同伴关系。

（4）集体活动拉近距离，照片墙分享经历，增强群体凝聚力。

（5）传达期望，形成群体行为规范。

（6）定薪制，为团队协作提供制度保障。

（7）物质激励和精神激励与教师评价挂钩，形成互相学习、积极投入的组织氛围。

四、精英式强化教学模式与明德模式的联系

关于明德模式的研究，角度不一，重点不同，不过对于明德模式有一些较为统一的看法：

（1）明德模式是一个密集强化的短期汉语教学模式。

（2）明德模式的基本课型结构是大班讲练课、小班操练课和个别辅导课。

（3）明德模式强调听说，重视操练，脱胎于传统的听说教学法。

（4）明德模式最有特点的是操练模式、严格纠错、语言誓约和集体备课。

不难发现，美国名校在华汉语教学模式与明德模式有着非常多的共同之处。

（一）教学方面

1. 教学理念

美国汉语教学的传统之一是实用主义，也就是说，美国汉语教学界对于教学方法的选择从不拘泥于某一流派，凡是对提高学生汉语学习效率的方法都会受到教师的欢迎。明德模式的教学理念也不是一成不变的，交际法和任务法兴起之后，明德中文暑校也尝试过在教学中进行实践，如每周一次的讨论课采用任务教学的方式进行。交际法的影响更为深远。为了改进听说法操练模式造成形式与语义割裂的缺陷，提高学生语言的交际得体性，明德中文暑校的教师们在语法讲解方面越来越强调语用上的限制，在设计例句情景方面特别注意真实性，在课堂上进行更多的交际性练习，教学重心由形式（form）转向语义与形式的结合（forms）。

1999年，美国《二十一世纪外语学习标准》颁布，提出“5C”标准，更随着“AP中文语言与文化课程”的推行，近年来明德中文暑校现任校长白建华教授开始在明德模式中融入“主题式教学法”。2010年开始，受明德中文暑校委托，在中国开办暑期中文项目的CET（Chinese Educational Tour）项目也开始了主题式教学法的尝试。

美国名校在华汉语项目在吸收新的教学理念方面表现各异。PIB项目作为最早进入中国的美国汉语教学项目，长期以来都保持了较为稳定的教学风格，采用的是明德模式早期较为传统的理念和教学方法，但也吸收了交际教学法“学以致用”的理念。业内教师普遍认为这与PIB项目学生素质最高有关。由于学生的学习能力强，教学效果一直不错，教学模式也就没有了太多改变的动因，更多的是利用目的语环境增加学生使用汉语进行交际的机会。

ACC项目的创办人靳洪刚教授在二语教学学术界比较活跃，近年来一直致力于在教学中更好地贯彻交际教学法的理念，尝试“以任务为导向”的教学方式，并在实践中总结了“语言定式教学”和“主题导入法”等教学方法。这种改变除了与靳洪刚教授本身的学术背景有关以外，与ACC项目以美国文理学院本科生为主要生源也有一定关系。与普林斯顿大学等老牌知名大学的学生相比，文理学院的学生更追求自由的意愿，思想活跃，喜欢挑战，不愿意受到过多约束。传统明德模式的过于注重操练，课堂难免枯燥乏味。设计具有趣味性、又在语言上具有挑战性的任务，更能够调动这类学生的学习积极性。

较多的美国名校在华汉语项目与DSIC项目类似，都对传统的明德模式进行了一些调整，根据学生的程度稍微降低了学习的强度，吸收了一些任务教学的元素，不过主要的改变也是在充分利用目的语环境、增加学生使用汉语进行交际的机会这个方面，对新方法、新理念吸收得不多。

虽然明德中文暑校和美国名校在华汉语项目在教学实践中各自发展出了自己的特点，但差异很小，而且核心的理念是一致的，那就是汉语教学的目的是要培养学生运用汉语进行交际的能力。即使偏向于某一教学法流派，在教学实践中也只是对教学模式进行了微调，没有太大的改变。

2. 教学策略

美国名校在华汉语项目与美国本土的明德模式在各自发展的过程中，虽然在教学理念方面发展出了一些细微的差异，但有一些核心的教学策略却始终没有改变。

（1）重视操练。几乎所有美国大学的汉语项目都认为语言形式的操练是提高汉语水平的基础。培养运用汉语进行交际的能力离不开语言形式的学习，语言的流利表达需要把语言点通过大量训练达到自动化的程度。无论是在美国本土，还是在中国的项目，明德模式的句型操练作为一种有效的教学方式，都因其良好的教学效果被一直保留了下来。

（2）追求准确性。明德模式对语音、语法和用词等各个方面都要求很高的准确性。每一个美国名校在华汉语项目也都强调要“全程纠错”。

（3）精讲多练。学生的开口率始终是美国汉语教学界对课堂教学效果最为重要的评价标准之一。因此明德中文暑校也好，美国名校在华汉语项目也好，课堂教学中师生的话语比都非常低。语法教学走的是“淡化语法”的路子，虽然句型操练仍然受到重视，但是课堂上不会出现语法讲解占用大量时间的情况。语法主要是通过大量情景化的例句练习从而促使学生自行归纳、自我领悟。

（4）听说领先。明德模式从形成伊始就一直重视听说能力，读写始终都是第二位的。在中国的美国名校汉语项目也不例外，课堂教学的重点是说和听，阅读和写作能力都是通过课后的预习、作业来培养的。

（5）全浸入式。明德中文暑校是一个封闭式的、模拟的目的语环境，而美国名校在华汉语项目则选择了开放的、真实的目的语环境。选择目的语环境反映了教学模式对于语言环境影响语言习得的一致看法。所采取的措施也是一致的，通过语言誓约来保证学生时刻使用汉语进行交际。这些核心教学策略在明德模式和精英式强化教学模式中都是稳定不变的。

3. 课堂教学安排

明德中文暑校与美国名校在华汉语项目每天的课堂教学安排情况大同小异，如图 5-1 所示。

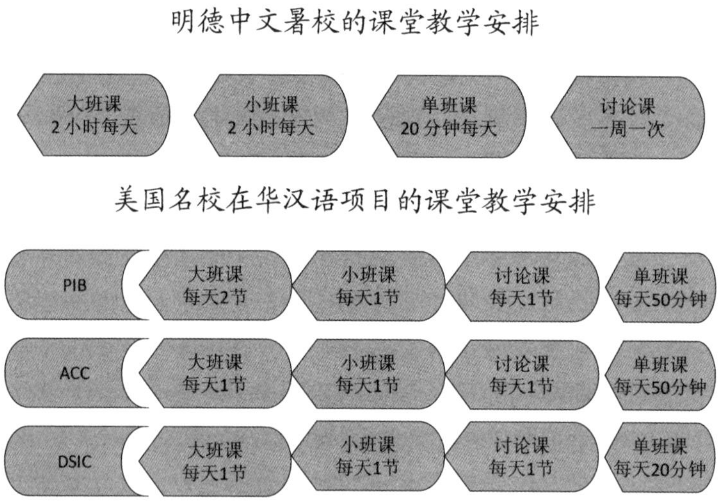

图 5-1 明德中文暑校与美国名校在华汉语项目的课堂教学安排

4. 课型设计

明德暑校与美国名校在华汉语项目的基本课型设计情况，如图 5-2 所示：

不难看出，精英式强化教学模式在教学方面的理念、框架和

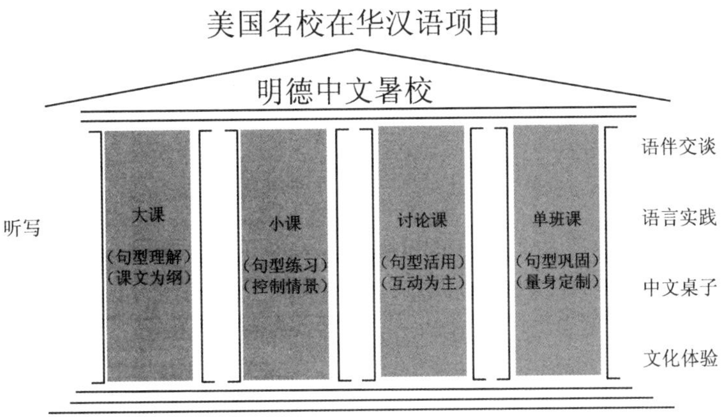

图 5-2　明德中文暑校与美国名校在华汉语项目的课型设计情况

特点与“明德模式”基本是一致的。我们可以认为，美国名校在华汉语项目在教学设计与实施方面基本上继承了“明德模式”的理念和框架，其区别主要是在教学环境上的改变，即从母语环境到了目的语环境，主流文化从美国文化到了中国文化。因此美国名校在华汉语项目在课型设置上增加了更多与中国社会接触的课外语言实践活动。

（二）管理方面

教学离不开管理。“明德模式”的管理无疑是成功的。王学松（2007）在对“明德模式”相关研究进行述评时所得出的结论是：对成功的短期或强化项目来说，一套独特的管理系统和严格管理措施就是立足的根本。美国名校在华汉语项目也以严格高效的管理著称。

施文（1994）在文中提到了明德模式中的管理策略有语言誓约、汉语环境、师生比、集体备课等。张喜荣、田德新（2004）总结了明德暑校的教学环境保障：后勤保障、活动场所、校长权力。曹贤文（2007）认为在明德暑校，如何提高学生的语言学习效率，是一切工作服务的中心，只要有益于这个主要目标的实现，教师和管理人员就可以为此付出更多的时间和努力。学生的评估建议是暑校改进教学和聘请教师及管理人员的重要参考。亓华（2009）提出PIB模式的成功与高薪高强度严要求下的教师团队管理模式、荣誉誓约下的无监考制度、严格的教学评估体制有关。娄开阳（2010）通过在PIB和CIB的观察认为明德模式的教学管理细致，教师轮替，动态调整，有利于教学的针对性。

根据相关研究，“明德模式”在管理方面的特点可以总结为：

（1）提高学生的语言学习效率是管理工作的中心；

（2）管理措施细致全面，标准高、要求严；

（3）教师管理实行团队协作，最有特色的管理措施包括集中强化的教师培训、严格的教学评估体制、集体备课制度、教师轮替教学等；

（4）重视教学环境管理，低师生比、语言誓约保证汉语环境；

（5）校长管理权限大，财务独立、人事独立，后勤有保障。

与精英式强化教学模式的管理框架及策略进行比较，我们发现，在管理上，精英式强化教学模式与明德模式如出一辙。本书认为，美国名校在华汉语项目中所实施的精英式强化教学模式可以视为“明德模式”在目的语环境下的“变体”，是“明德模式”的继承与发展。

（三）采用“明德模式”的原因

虽然办学地点改到了中国，美国名校在华汉语项目仍然采用了美国明德中文暑校的教学模式，除了明德模式在长期实践中的良好效果之外，笔者认为还有以下几个原因：

首先，美国名校在华汉语项目的管理者都出自明德中文暑校，PIB项目的创办者周质平教授更是明德中文暑校的第二任校长。

其次，这些项目中的骨干教师大部分都有在明德中文暑校任教的经验，至少也是在美国名校的中文系执教过的教师。

再次，这些教师早已接受并熟练掌握了明德模式，在各自所属的美国大学中也采用了几乎相同的方式进行日常的中文教学。如此一来，明德模式也就成了作为主要学生来源的美国名校中文系学生所熟悉的教学模式。

最后，教学模式主要根据教学对象的特点来设计，作为短期强化项目，采用学生较为熟悉的教学方式有利于学生尽快适应新的学习环境。

第二节　精英式强化教学模式的成功因素

精英式强化教学模式是一个以密集强化为特点的汉语速成教学模式。它之所以能够成功，用两个字来概括的话，就是"多练"。让学生"多练"，对于语言教学来说，就是学习效果的保证。

多练似乎是很普通的一件事，然而却不是容易达到的目标。精英式强化教学模式的"多"，表现在时间、空间、对象和形式上；"练"，有多种方式，而精英式强化教学模式最重视的是有意义的互动。

"多练"在时间上的体现是：练习的时间长、频率高。每一篇课文的学习时间，课堂教学的时间每天保证在4～5个学时，课后完成作业、预习复习的时间保持在3～4个小时。练习的时间长，保证了学生可以充分理解、掌握、熟悉和巩固学习的内容。频率快，指的是课堂教学中练习互动的频率。采用问答互动这种最为简单的练习方式，避免活动的导入时间占用课堂时间，让课堂教学的有效时间最大化、效率最优化。频繁快速地互动，学生必须精力集中，发应迅速，充分调动大脑处理语言信息，使练习的效果最大化。

"多练"在空间上体现为：有指导的练习活动不仅发生在课堂

中，还发生在教室以外，不仅在学校里，也发生在学校之外。课外活动是有组织、有目的的语言实践活动，计划周详，内容明确，让学生课外练习的质量得到保证。

“多练”的对象不仅是老师，还有中国语伴、中国家庭、被采访的对象等，而且语言誓约让学生相互之间也只能使用汉语。以汉语为工具的交际活动不仅是学习行为，也成为学生生活的一部分。

“多练”的形式不拘一格，在课堂上以问答互动为主，辅以口头陈述（口头报告）。课外有采访，有听力、阅读和写作的练习。输入输出的形式多种多样，涵盖的语言交际的各种功能，人际交流的解释能力、表达能力和协商沟通语义的能力都得到了培养。同一信息从不同角度得到处理，内化的速度和程度自然提高。

精英式强化教学模式的课堂中，练习的形式有机械地重复，但大多是为了语音的正音练习，或为了纠正语法而重复正确的句子。互动需要有意义，教师的每一次提问都预设为有意义的交流，或交换意见，或交流信息，让学生在练习的同时与交际的内容产生互动，建构意义，从而内化为自身的语言图式，进入心理词库。

精英式强化教学模式采取各种措施成功地让学生“多练”，说明该模式充分挖掘和利用教学过程的各个因素和过程本身的潜能，建立了最优化的教学过程。以下从教学模式的各个层面对精英式强化教学模式的长处进行阐述：

一、精英式强化教学模式在教学理念上的成功因素

教学法理念方面的成功因素可以概括为：多元综合，实用主义。

精英式强化教学模式的教学法理念综合了各种教学法的长处，不独尊也不排斥任何某一种教学法理论，完全从实用出发，以教学实践的效果为依据，兼容并蓄，多元综合。

这实际上体现了后方法时代的教学法理念，是教学实践者立足于课堂，对各种教学方法、手段和活动进行多元化运用，“从下而上”地建立起来的教学理论体系。与教学法专家基于教学理论建立起来的教学模式相比，对于从教学实践中建立起来的教学模式，教学实践者更加清楚教学模式的外部及内部实施条件是什么，因此能够迅速地进行调整以适应新的教学环境，也更易于让新教师接受、掌握、实施。这是精英式强化教学模式能够成功地从母语教学环境转移到目的语教学环境的原因之一。

二、精英式强化教学模式在教学设计与实施方面的成功因素

（一）充分利用学生的思维水平来带动语言水平

多元智能理论认为语言能力与其他智能是相互关联、互相影响的。逻辑思维能力是与语言能力结合最为紧密的一种智力因素。在任何一种知识的学习过程中，逻辑思维能力都发挥着巨大作用，语言学习也不例外。精英式强化教学模式强调师生通过“对话”的方式，共同分析、比较、辨别教材中提供的文化现象，让学生了解中华文化当中的思维方式、价值取向、意识形态、行为模式等深层文化因素。这样做充分利用了大学生的思维能力，带动了语言水平的提高。

（二）课程设置围绕学习过程设计

机械重复是通过模仿掌握语音记忆语言知识的必经之路，不过这个过程通过预习作业和听写的要求基本放在了课前处理，降低占用课堂时间的比例。课堂内设计快节奏的语言互动活动，促使学生缩短用母语思考的时间，快速用目的语做出反应。语言实践活动、和语伴见面、节假日与中国家庭共度，甚至住家，这些不仅是了解鲜活的中国文化的重要途径，也是运用课堂所学习的语言知识的机会。

将课内和课外连接在一起，形成一个连续不断的学习链，学

生可以学以致用，不断复习巩固，学习效果也就得到了保证。

（三）在用中学，边学边用，学以致用

学习语言的目的是使用，而学习语言的途径也是使用，学会语言的办法同样是使用。然而不能忽视的是“用”以前要“学”。明德模式的小班操练之所以引起了众多学者和教师的关注，就是因为小班快速而高强度的操练给我们展示了如何高效省时地为学生扫清交际障碍，打好语言知识基础的教学路子。交际教学法兴起，任务教学法普遍开展，与强化模式的课堂相比，口语课堂中的交际活动可谓多种多样、丰富多彩。然而现在很多口语课堂中交际活动进行得热热闹闹，但学生的语言水平仍然纹丝不动、波澜不兴的现象并不少见，这是因为课堂交际活动大多跟语言知识的内化程度关系不大。

在精英式强化教学模式的课堂上，语言交际既为学习目的也是学习方式，语言结构是语言交际的材料，语言交际是习得语言结构的途径。大小班课上，通过师生有意义地问答互动以用促学、边用边学。在讨论课和单班课上，展开讨论、发表意见，学以致用。强调以语言结构为中心，在用中学，学以致用，是精英式强化教学模式能够成功的原因之一。

（四）重视操练，以旧带新，循环教学，提高重现率

明德模式采取的是循环式教学，学生习得的关键在于重现。这种循环式教学的方式成功的原因在于它符合记忆的规律和学习的规律。循环式教学实现的条件之一是教材的编排。明德模式选用的教材，与别的教材一样，在各年级教材之间有话题的重现，词汇和语法水平的上升，也就是螺旋式上升。而在一本教材内部，则是词汇和语法的重现。这种重现更为重要。

然而，循环式教学主要是通过教师备课的有意为之而实现的。方式是以旧带新，旧就是学生已经学过的，而且是新近学过的。以旧带新的具体做法是，以旧的话题作为情景来练习新的语法点，

以旧的语法点为句子结构来练习新的词汇，其实也是一种对螺旋式上升的重现。也就是，控制例句当中的新信息，尽量不出现未知信息。这样做可以使学生把注意力集中在需要练习的目标上，同时也通过提取已知概念的目的语形式，加深、加多记忆的提取线索，复习巩固了已建立的目的语图式。

（五）教学活动和互动方式的设计符合学习者的特点

作为成年人，大学生在目的语环境中学习语言。课堂上没有轻松的、游戏类的语言活动，强调语言训练，课堂节奏紧凑。这是因为在目的语环境中，轻松而自然的语言交际机会非常多，但并不需要太多的语言知识和太高的语言能力就可以完成。语言课堂是提高语言能力、为更高层次的语言交际做准备的地方，重复低水平的语言交际在课堂上无疑是一种不经济的做法，不能满足学习者对语言课堂的期望。ACC 的课堂满足了学习者对掌握语言工具的迫切感，每天都在增加的语言知识给了学习者成就感。无论初始动机是什么，在语言学习的课堂上，语言能力的提高就是最大的需求和动机。强化模式通过提供使用语言的机会，让学生在使用的过程中感知语言能力的提高。而这些使用语言的机会并不是随意的，而是精心设计、层层铺垫的，是在教师的帮助下需要努力才能完成的语言任务，是有效的输出（pushed-output）。

三、精英式强化教学模式在教学管理上的成功因素

（一）激励机制合理，促进教学质量

激励机制是指与工作表现相关的奖惩制度，既可以是物质方面的，也可以是非物质方面的，比方说奖金、称号、晋升、进修或培训的机会等。PIB、ACC 和 DSIC 都实行的一种激励措施，会选派表现优秀的教师到美国本校去接受培训或工作，这对于教师们是非常有吸引的奖励，极大地调动了教师的工作积极性。这些项目都非常重视学生对教师教学的评价，项目主任会经常与学生

交谈，了解他们对教学质量的感性认识。PIB 和 DSIC 还把奖金与学生对教师的评语直接挂钩，促使教师更加重视每一次与学生的互动，无论是课堂里的还是课堂外的，教师都会有意识地从学生的角度出发考虑，规范自己的行为。这对于语言项目的质量管理起到了重要的作用。

（二）刚性管理制度，柔性管理风格

美国名校在华汉语项目的管理以严著称，教学行为标准化管理，是典型的刚性管理制度。然而在管理风格上，各个项目却非常注重以人为本，实行柔性管理风格。比方说，DSIC 注重感情交流，安排集体午餐让教师们多了交流思想和感情的机会，使整个团队有了集体的温暖。午餐的时间是用来讨论上课的得失和学生的情况的，非正式的气氛让教师们彼此间的鼓励和批评少了一份官方的严肃，多了一份良师益友般的善意。这种带有善意的交流，不仅达到了知识管理的目的，还形成了一种互相帮助、互相学习的气氛，实际上是学习型组织的表现。

（三）重视教学实践知识，促进教师专业发展

1. 从教师专业发展的角度来看，三个项目都很重视同事专业化和团队合作，顺应了教师专业发展历史阶段的发展趋势；新教师的个体基本发展目标定为新手向高级新手转变。由于教学模式固定、教学理念统一，新教师在团队的帮助下，培训后基本能够胜任教学。新教师在培训中基本经历了三个成长阶段：第一阶段是角色意识转换，从学生转换成教师，从母语者转换成二语学习者，关注的焦点是如何转换既定的思维惯式，从一个教学者的角度考虑教学程序的安排，从一个二语学习者的角度考虑教学内容和方式；第二阶段是融入团队，即从单个的教师变为教师团队的一员，关注如何让其他教师接受自己；第三阶段是发挥作用，即在团队中不断发表意见，提出新主意，贡献新思路，注意的重心是如何对团队的教学改进贡献自己的一分力量。

2. 从教师知识的角度来看，三个项目最重视的都是教师实践知识，这表现在三个项目均安排了大量的试讲和点评的培训时间，对同一内容进行反复的实践、反馈、反思与再实践，点评的方式多种多样，各个角度的反馈使得受训教师对于教学实践的反思更加深刻、深入。资深教师的点评一般会从学生习得规律、美国学生的思维习惯以及教学效率等角度进行启发，既是培训师自身经验的总结，也是理论与实践的结合，更是跨文化语言教学的现场说法。这样的培训设置和培训师的配备，为受训教师提供了有效实践的机会、深入反思的可能，从而创造了学科教学知识内化的条件。

3. 从培训内容也可以看出，教学法知识也受到了重视。不过，教学法知识在三个项目的培训当中都是有高度针对性的，所涉及的教学法理论都是与项目所采用的教学模式高度相关的，旨在让受训教师能够理解项目所要求的教学技巧背后的理论依据，既知其然，也知其所以然。受训教师也表示，在明白了道理之后，对于这种高强度的操练方式的接受度会更高。因此，教学法知识在培训中不是单纯为了提高受训教师的教学理论水平，而是为教师实践知识的形成打下理论基础，扫除心理障碍。

ACC 将语法知识也作为培训内容之一，但是，这些语法知识的呈现、讲解却是从教学的角度进行的。不但强调针对美国学生的教学，甚至细化到针对不同语言水平的学生应该如何处理，例句和提问方式也考虑到了美国学生的文化背景和思维习惯。因此，这种语法知识的培训，与其说是学科知识的培训，不如说是培训师在长期教学实践当中的学科教学知识的集中体现。

（四）团队合作氛围好，责权明确效率高

教学管理是很琐碎的，很多工作与课堂教学没有直接关系，却需要花费不少的时间和精力。因此分工合作、责权明确可以提高工作效率、节省时间，同时教师也能在合作中感受到公平、平等、互助的组织氛围。

美国名校在华汉语项目中，管理非常细致，每个人都很清楚自己的职责是什么，而且团队协作的特点十分突出。教师之间关系紧密，互相合作完成工作，而不像传统教学模式中的教师那样一般是“单打独斗”。整个项目的所有教师是一个大的团队，遵守共同的规章制度，实践共同的教学理念，参加集体活动。每个年级是一个小的团队，团队协作的精神更为明显，具体表现为集体培训、集体备课、共同分担作业和考试批改、轮流修改备课材料及试卷、共同确定教学重点和思路、集体评课讨论课堂教学的得与失、轮换值班、轮流组织学生进行语言实践、中文桌子、文化体验活动及其他集体活动等。几乎除了各自修订最终的教案，其他与教学相关的行为都是共同完成的。其中集体培训初步形成团队意识，而备课会制度则从行为到意识，甚至感情上将教师联系成为一个团队。比方说，ACC 项目的教师轮流修改备课单；DSIC 项目的备课会、大小班的例句先分开准备，然后一起讨论小班例句；PIB 项目的教师轮流准备考试题、复习题和大小班分班表，轮流组织语言实践活动、文化考察，轮换值班。

DSIC 在实行团队协作方面更近一步，把集体评课的频率设定为每天，还增加了集体午餐的福利。

(五) 知识管理有平台，教学经验共享快

知识管理是将教师在教学实践中个人建构的隐性知识显性化，并通过知识管理的措施和平台共享给团队中的其他成员。在语言教学项目中，这种隐性知识或缄默知识，是一般教学法知识在教学实践中形成的学科教学知识，属于教师实践知识的一种。

各个美国名校在华汉语项目都有不同教师知识管理的措施和平台。例如：

PIB 项目：要求听课，备课单共享，讨论语法点的讲解和练习方式，分工出题、定期看录像评课。

DSIC 项目：每天评课，共同讨论例句的问法、语言点的讲解、讨论题、单班讨论思路、语言实践话题，集思广益。

ACC 项目：备课单不断更新，轮流修改。定期进行课堂教学录像，并存档供全体教师观摩学习。学期后进行总结和培训，交流经验，精益求精。

这些知识管理的措施和平台让教师实践知识得以在项目中显性化，并保留下来，让新教师能够分享，有利于新教师迅速提高教学水平，保证教学质量。

第三节 精英式强化教学模式的局限性与不足之处

一、精英式强化教学模式在实现条件上的局限性

从前文对精英式强化教学模式实现条件的分析，不难发现这种模式不论是在“外部条件”还是“内部条件”上都有很高的要求。实现条件高、模式推广难成了精英式强化教学模式在实践中的短板。

首先，教学对象成分单一，而且学习动机很强、学习自觉性高、乐于表现自我、思维活跃。其次，对于教师的要求很高，要有一批对教学模式非常熟悉的专家型的教师，不仅能胜任教学，承担起树立教学行为规范，保证教学质量的重任，同时也能作为培训师，引导新教师了解、熟悉并掌握教学模式，确保教学模式得以顺利实施。另外，即使是目的语环境这个看似简单的教学环境要求，也是需要管理者和教师投入大量的时间、精力和心思去实现的。

教师和学生的“有备而来”，是在其他教学机构中最难以达到的实现条件。教师有备而来，意味着巨大的工作量。在按课时计

酬的教学机构中，课堂教学的时间无论多长，都可以计入工作量，但是备课的时间却是不能计时的。备课是个人化的行为，教学管理者只能依靠教学评价来监控。美国名校在华汉语项目都是独立运作的教学机构，财务独立，也有独立的人事权。这是国内大部分汉语教学机构所不具备的。

学生能够做到“有备而来”，除了学业评价体系的作用以外，更重要的是，学业评价的分数对学生有价值。美国名校在华汉语项目中的学生在完成学习之后能够获得学分，而且这个学分关系到毕业以后的就业问题。因此，学业评价系统是精英式强化教学模式中非常重要的组成部分，也发挥着极其重要的作用。然而，对中国的留学生而言，学习成绩并没有太大的约束力，而只依靠学生的自觉性来达到“有备而来”是很难的。

二、精英式强化教学模式的不足之处

精英式强化教学模式在教学中的不足之处主要体现在五个方面：(1) 高级教学内容过于文学化；(2) 答多问少，学生提问能力差；(3) 复习环节少，遗忘率高；(4) 学习任务重，真实交流少；(5) 语言教学只重演绎，不重归纳。

在管理方面的不足之处则主要体现在以下两个方面：(1) 考试利用不够充分，评价体系可更科学；(2) 激励机制不可持续。

(一) 中高级教学内容过于文学化

中高级教材中选取的文学类课文仍有较大比例是现代著名文学作品，文言文的痕迹较浓，而关于中国人当代生活的文章比较少，词汇方面也偏正式。用学生的话来讲，就是不够现代。ACC四年级教材中文学作品占了三分之一，然而这三分之一的课文由于文言文的色彩太重，导致学生在理解上产生诸多障碍，因此长期项目专门抽出了部分讨论课的课时用来讲解文言文的相关知识。

虽然学界似乎已经达成共识，大部分汉语学习者感兴趣并且有需求的应该是中国的现当代文明，而不是古代文明。然而现当代文化同样是个很大的范围，重点放在当代中国上应该是毋庸置疑的。那么教材选取的文章为什么仍然以现代文学作品为主，至少是50年代以前的为主，而当代作家用鲜活的现代汉语创作的作品还是没有资格入选呢？这也许和我们长期以来关于文学作品的价值取向有关。只有经典的、已经盖棺论定的文学著作才是真正的文学，也是保险的选择。然而，有两点必须注意：其一，文学是时代的脉搏，也就是文学反映的是当时的社会生活，是那个时代人们精神和思维方式的体现。其二，学生的学习目标大多不会是成为能用汉语写作的文学家或是翻译家，学界对汉语教学的目标也十分明确，就是培养学习者使用汉语交际的能力，这种交际当然包括书面的、通过阅读与作家之间的交流，但这显然不是最主要的交际方式和内容。大家的作品是了解思想的好途径，却不一定是练习口语的最佳选择，作为阅读材料使用无疑会是更好的一种安排。

（二）答多问少，学生提问能力差

项目较为重视对学生听说方面的练习，无论大班、小班，还是单班课，基本上都是由老师做主导不断发问，学生的提问能力相对较弱。有的教师表示，如果可以改革，希望讨论课可以做出调整，多给学生一些自己提问、主动交际的机会。

（三）复习环节少，遗忘率高

在这种密集强化的语言项目里，学生的学习节奏很快，一方面可以促进学生语言水平在短时间内得到较大提高，但同时也会带来一些问题。比如，教师常常发现，有的学生很快就忘记了之前学过的生词和语法。复习对学生来说很有意义，复习课也比较受学生欢迎。如果有当周复习课或隔周复习课，对一整周的课堂内容进行复习，则巩固的效果会更好。虽然总体来看，学生学得很快，三四周内掌握的生词数量已经有成百上千了，但是学生们现在真正掌握、能主动使用的并不太多。如果有复习课，学生可以定期回顾已学内容，这对他们是一个帮助。PIB 项目每个周五上午会有一节复习课，复习一周以来的重点句型。其他项目有时也会安排复习课。但相对于密集强化的课程安排来说，复习基本上还是得依靠学生自己。

（四）学习任务重，真实交流少

学习任务和交流机会是一对矛盾。精英式强化教学模式的课程设置将课内与课外结合成了一个整体，但是在美国名校在华汉语项目中，为了达到教师要求，学生普遍会觉得特别累。项目给学生的学习任务较多、学习压力较大，学生很少有机会脱离汉语项目这个圈子去真正接触社会。在这样高强度的语言项目里，很难留出时间，让学生能真正接触社会，将所学的东西应用到生活之中，让学生产生一种成就感。生活中的自然交流，同课堂上与老师的自然交流是不同的，学生也常常抱怨应该多创造一些这样的机会。因为语言课堂是一个高语境，课堂里老师能听懂的话，其他的中国人不一定能听懂，学生实际的语言能力还需要提高。

（五）语法教学只重演绎，不重归纳

没有系统的语法归纳讲解，不够重视成人语言习得的特点，没有充分利用成人逻辑思维和逻辑记忆强的优势。对中英语言对比的归纳和整理还不够重视。

（六）考试利用不够充分，评价体系可更科学

由于美国名校在华汉语项目中教师的工作量太大，已经没有什么余力来及时整理和归纳学生在考试中表现出来的习得难点，并及时调整教学策略。教师只告诉学生他们需要做什么，而不向学生明确地指导他们需要做到什么程度。如果只是通过考试进行复习巩固，从而帮助学生对抗遗忘，那么这样的考试可以实现目标。然而学业评价的目的是帮助学生掌握自己的学习情况，同时帮助教师了解学生对课堂教学内容的掌握程度，及时调整教学进

度和内容，促进学生的汉语学习。在调查中我们发现，还没有一个美国名校在华汉语项目对考试中出现的错误进行收集和分析，作为确定教学重点的依据。这说明学业评价最为重要的作用并没有得到充分发挥。

另外，各个项目对学业评价体系各项指标及其比例缺乏细致而科学的研究。评价指标如果缺乏科学性，学生学业评价的导向性和有效性也会受到损失。

（七）激励机制不可持续

ACC 作为长期项目，拥有一批固定的教师。这些教师教学经验丰富，教学效果得到肯定，深受学生欢迎。他们总是能够保持高度的敬业精神，这是 ACC 组织文化成功的表现之一。然而经过长期的教学实践，在这些教师当中，工作的积极主动性开始减弱，表现为不再乐于分享教学经验，因为已经感觉不能得到明显的提高。在教学技巧上，熟练度达到了一定程度后，知识共享就没有了太大的促进作用。激励的手段，只有轮流到美国短期工作。但这已经基本成为福利，而不是太需要去竞争得到的奖励，因此激励的作用也减弱。而且，在美国的工作机会并不是长期的，回来后也没有什么晋升的空间，职业发展的激励因素也逐渐消失。而在经济上的吸引力也因为汇率的降低而逐渐下降。工作的付出与酬劳不成正比，已经成为 ACC 教师流失或工作积极性下降的主要原因。

在这一点上，同样是长期项目的 DSIC 则采取了人事权分流的办法，不再由项目聘任长期教师，而是与合作院校通过协议的方式选用合作院校的教师。项目可以建议更换教师，但人事任免权是在合作院校一方，薪酬也由合作院校按自己的规定发放，项目只保留绩效奖金。这样做避免了教师的职业发展瓶颈，保留了激励因素，但合作院校则需要平衡项目教师与学院其他教师之间的利益，同样存在隐患。

第四节 精英式强化教学模式对国际汉语教学的启示

精英式强化教学模式作为一个在教学实践中的成功个案，对于国际汉语教学有着多方面的启示。

一、充分发掘教学实践中行之有效的教学技巧

这是精英式强化教学模式的多元综合教学法理念给国际汉语教学的启示。多年来，对外汉语教学的教学法研究走的是从理论到实践的路子。然而赵金铭（1993）曾总结道：教学法的研究由引进、介绍国外的教学法，以及单一的教学法实验，转入结合汉语自身的特点，发展交际能力，探索独具特色的汉语教学法发展阶段……在讨论到汉语教学法时，不少文章认为：没有一种教学法是全能的，也没有一种教学法是毫不可取的。过去使用较多的直接法、视听法、句型结构操练法等自有可取之处，现在比较时兴的沟通法、暗示法等也有其不足的地方。瑕瑜互见，各有千秋。大家一致认为：应该根据不同的教学目的、不同的教学对象采用行之有效的教学法。[①] 这说明，后方法的思想早已存在于汉语教师当中。

精英式强化教学模式在教学实践中形成了多元综合教学法理念，其良好的教学效果让我们相信，国际汉语教学应该更多地挖掘在教学实践中行之有效的教学技巧和策略，而无须拘泥于某一种具体的教学法理论。我们应该看到，在教学法理论指导下形成的教学策略和技巧，如果实施成功，获得良好的教学效果，并不

---

① 赵金铭．汉语教学与研究的发展和创获［J］．语言教学与研究，1993（4）：23-25.

一定能证明某一具体教学法理论的合理性；如果实施效果很差，也不一定能证明某一教学法理论的谬误，因为影响课堂教学效果的因素十分复杂。我们应该关注这些行之有效的教学技巧和策略本身，分析它们的实施条件和起作用的具体原因，从而在教学实践中建构起教师自己的教学法理论体系，而不是急着去接受或拒绝某一教学法流派的理论。这也是后方法时代语言教学观对国际汉语教师的要求。

二、教学内容不应局限于生活层面或文化知识

教学内容应满足学生的学习需求，汉语作为第二语言教学的目的是培养学生的汉语交际能力。因此，我们推断用汉语进行交际是学生最大的需求。这当然是正确的。然而我们也应该考虑到，学生的思维水平和在学习中取得成就的心理需求。国内教材多以功能结构大纲进行编写，初中级教材的话题总是围绕着生活层面，如打招呼、购物、交通工具、宿舍、饮食、旅游之类的话题周而复始，螺旋上升。到了高级阶段的教材则注重文学作品、历史文化知识或者专业知识的学习。因此初中级汉语课堂中最常见的现象是学生在语言水平能满足日常生活需要之后，对课文、课堂学习毫无兴趣。没有新知识、新信息的刺激，课堂上单纯为了语言结构而学习，陈旧的话题在相同的学生之间被不断地谈论，是无法满足学生的求知欲的，教学效果可想而知。而高级阶段的课堂上，知识性的内容很难展开讨论、分析，专业知识离学生的生活很远，专业术语使用范围窄，能讲难练，课堂上开口率降低，教师开始为如何让学生的视线离开书本而犯愁。总而言之，就教材内容而言，初中级感觉肤浅，高级又太高远。

另外，在有的汉语教材中，几乎所有的话题都是与中国有关的。因为我们默认学生感兴趣的是中国的语言和文化，想了解的也是中国人的传统和思维。然而，如果我们翻开英文的教材，或

是托福、雅思等考试用书，不难发现里面的内容是包罗万象的，是跟整个世界有关的。一个伊朗籍的学生曾对我抱怨说，所有的中文教材都是跟中国有关的，都介绍中国菜、故宫、长城。他们想了解的不仅仅是中国，也想在学习中文的时候了解世界。可是在中国教材里，连中国人对于外国的看法也很少看到。这本身就是一种缺乏多元文化观的表现，说明汉语教材的编写者在无意中实行了中国文化中心的思想。即使学习汉语的终极目的是掌握汉语这个交际工具，但是把教学的内容限定在与中国相关这个视域里，未免有些局限。学习是一种与世界互动的方式，并且通过互动最终建构属于学习者自身的知识的过程。在学习语言的同时，我们不能忽视学习者同样有在知识内容方面的需求。

正所谓“巧妇难为无米之炊”，教材内容的重要性不言而喻。美国名校在华汉语教学模式对于教材内容选择和处理的思路值得我们借鉴。对教材内容进行动态管理，随时更换，选择时代感强、思想性强的一些评论中国社会各个方面文化现象的文章。对于母语文化的价值观、世界观、哲学观已经初步形成的大学生来说，这样的教材内容展现的是一个新的世界。教师用提问的方式，让学生自己来讲述课文中的故事，而不是直接告诉他们。因此这个新的世界还是一个需要自己去探索、甄别、分析和归纳的世界。语言结构是了解新世界的钥匙，是有帮助的工具，是和其他一起分享探索新世界成果的媒介。这样的学习在语言能力进步的同时，发展了思维能力，了解目的语文化的同时还能更加深刻地理解自己的母语文化，同时满足了语言学习和求知的需求。

不停留在事实和信息层面，不是了解，而是理解。对现象进行分析、比较，表达自己对现象本质的理解，价值观的判断。这是语言中的深层文化内涵。不通过文化的比较是很难理解的。这种选择与周质平身为思想史方面的学者的背景有关。语言表达的是思想，这种理念贯穿了以明德模式为首的众多美国大学汉语教学模式之中。语言水平会限制思维水平，大学生本身用母语思维的能力已经成熟，是应该善加利用的资源。用目的语表达浅层的交际需要，那么目的语的思维水平也就停留在表层。如果用目的语进行深层思想的交流，将抽象的概念和逻辑关系用目的语的思维习惯表达出来，那么目的语的思维水平也会提高，同时带动目的语的语言水平。能表达思想，那么表述事实就只是积累词汇的问题了。简单地说，就是把目的语作为认识世界的工具来学习、来掌握。

三、教师应树立多元文化观，培养文化敏感性

ACC 的期后培训内容中有一项是由一位教师来向其他教师介绍与汉语教学相关的文化内容，一般是与美国文化相关的，或者是从美国学生的角度怎么看中国，取材于 ACC 学生的学期报告等，目的在于让教师们能够理解美国学生眼中的世界，能够从学习者的角度去理解问题。这样可以降低教学当中，特别是与学生进行深入交谈时，出现跨文化交际障碍的可能性。从跨文化教学的角度来看，这样做是十分有必要的。虽然汉语教师一般都接受过跨文化交际方面的教育，对跨文化交际这个概念比较熟悉，也掌握了基本的跨文化交际技巧，然而知与行并非一回事，而且每个国家的学习者都有自身特殊的文化背景，汉语教师不可能全部了解过。在与不同的学习者交往时（包括课堂内和课堂外），汉语教师一般只能按照自己的理解去处理交际当中出现的事件，而“自己的理解”是很难跳出已经习以为常的“文化规范”的圈子的，尤其是交往发生的环境是教师所熟悉的母语文化环境当中。跨文化教学的过程，就是教师的母语文化与学习者的母语文化相互交流、碰撞的过程，因此不只是学习者存在“文化休克”的可能，教师同样存在。教师教授目的语，可能会无意识地以为目的语文化都是学习者知道和接受了的文化，也有可能会用目的语的文化规范

去衡量学习者所持观点的“对错、好坏”。也就是说，汉语教师自己也要增强目的语文化与学习者的母语文化之间差异的敏感性和宽容度，这样在教学中才能有意识地引导学习者注意文化之间的差异，同时也培养学习者对文化差异的相互尊重、理解、包容，增强学习者的文化适应性。

有的学者和教师可能会认为我们汉语教师作为语言教师，教好汉语、让学生能够用汉语交际就是完成了本职工作，而不应该承担“教育”的职责，尤其是在学习者是成年人的情况下。因为成年学习者已经形成了自己稳定的世界观、价值观，教师不应该试图向学习者灌输自己文化当中的价值观，否则会引起学习者的反感。这种看法有一定的道理。不过，我们也应该看到，学习一种语言必然是要接触到这种语言背后的文化的。一种语言承载着一个民族在哲学层面上的思维方式，这是“避无可避”的。语言教学不等同于文化教学，却也离不开文化教学。语言教师每天的工作就是与学习者进行着表层的或深层的文化交流，这种交流发生在教学语言中，也发生在教学行为中。跨文化交际无时无刻不在进行。关于这一点，李泉（2002）有过精彩的论述：

作为第二语言教学必不可少的文化教学内容，是指语言教学本身所不应和不能脱离的文化因素的教学。所说的文化因素，是指跟目的语的理解和用目的语表达密切相关的文化因素，主要是隐含在目的语的结构系统和表达系统中反映该民族的价值观念、是非取向、衣食住行、风俗习惯、审美情趣、道德规范、生活方式、思维方式等方面的特定的文化内涵。具体来说，这类文化因素体现在目的语的语汇系统、语义系统、语法系统和语用系统中，它们对语言的理解和运用有着重要的甚至是不可或缺的规约作用。因此，在第二语言教学过程中，如果不同时揭示语言中所包含的这类文化因素，就无法理解这种语言，更无法正确地使用这种语言进行交际。①

因此仅仅是为了汉语教学能够顺利地进行下去，教师们也应该有一个正确而适当的文化观念，那就是多元文化观：对文化差异的尊重、理解与包容。教师同时也需要向学习者传递这样一种文化观，避免文化之间的差异造成交际障碍，让师生之间的交流更加顺畅，在互相理解的基础上增加文化和情感上的认同感。

其实很多教师都会自发地去了解学习者的母语文化，特别是文化禁忌。教学机构也对这方面比较重视，会组织相关的文化讲座。美国知名大学在中国的汉语学习项目尤其重视这方面的培训，不论是在入职培训中，还是在备课会、评课会上，几乎在任何合适的场合，资深教师都在强调，要从学生的角度去考虑，这个问题学生会怎么回答，会怎么想。ACC 在这方面做得更加系统和深入，用案例的形式，用教师们最熟悉的学生的视角，定期让教师们进行一趟深层次的、个性化的、真实的“文化之旅”，而不再停留在宽泛地了解学习者母语文化的层面。

四、汉字教学时间能缩短，随文识字可行

学界一直把汉字当作一个独立的系统来研究如何教学。有很多问题学者一直都在关注，大到“语文分开”还是“语文并行”之争，“写字”与“识字”之辩，小到初级阶段应该教多少汉字，哪些汉字应该先教。总的来说，关于汉字教学，主要有两种教学的思路，一种是分解来教，一种是作为整体来教。国内较为普遍的教法，先独体后合体，注重笔画和笔顺，汉字结构和偏旁、部首结合起来教，这些都是第一种思路。

美国名校在华汉语项目关于汉字教学的做法是：随文识字。

---

① 李泉．对外汉语教学的学科基本理论（下）[J]．海外华文教育，2002（4）：16.

不集中讲解偏旁和部首，不讲究笔顺，书写只要达到可以辨识的程度即可。即使学生在书写汉字时出现了笔画方面的偏误，或者偏旁或部首写错了，也只是将正确的汉字写在旁边，并在错误的部位用红笔画一个圈表示。聚焦错误的部位，但不强调整个偏旁或部首，这说明了汉字的整体教学思路。持这种教学思路的教师，一般在初级阶段只要求识记汉字，不会强调汉字的笔画和笔顺。而吕叔湘先生（1983）说："有心理学家做过实验，无论汉字或拼音文字，认识的时候都是整个的形体去认识，认识汉字的时候并不逐一辨认它的笔画。"[①] 美国名校在华汉语项目的学生在汉语能力整体上提高很快，在汉字的书写方面也没有太大问题，说明"随文识字"，不集中讲解，也不强调笔顺的汉字教学策略并没有对学生语言能力的整体提高造成严重影响。国内的汉字课，开设在入门阶段，学生接触的汉字少。在课堂上系统讲解汉字的结构，或进行汉字书写的练习，占用了宝贵的课堂教学时间。不如缩短汉字教学的时间，提高课堂教学时效，加快学生语言交际能力的提高，保持学生在入门阶段高涨的学习热情。

不过，我们还是应该要求学生书写汉字，而不是打字。有的学生认为只有书写以后印象才能更加深刻。书写汉字与写作这个技能不一定有直接的联系，但是对其他技能也是有促进作用的。其实，把技能分为听说读写是一种分解式的思路。而也有另外一种看法，就是语言能力是一个整体。而书写汉字对于语言能力是有促进作用的。这与书写这个行为的本质有关系。书写是一种深层加工，而不仅仅是一种简单的模仿和重复。书写与大脑相关联，书写与心理加工相联系。

① 赵金铭．"十五"期间对外汉语学科建设研究［C］．对外汉语教学的全方位探索——对外汉语研究学术讨论会本书集，北京：北京语言大学出版社，2004：47.

五、师资培训定位要明确，教学实践知识是重点

PIB、ACC 和 DSIC 这三个项目面对的教学对象单一，学生的文化背景相对单纯，教学模式和理念统一，这与国内汉语教师和外派的志愿者汉语教师培训的情况有很大差异。但这两个项目的师资培训仍然有值得国际汉语教师岗前培训借鉴的地方。岗前培训的对象是新教师，一般来说是即将从事国际汉语教学的新手教师。新手教师由于教育背景不同，所具备的知识内容和程度也不同。以国际汉语教育硕士为例，通过专业学习，他们的学科知识和教学法知识通常已经有了较高程度的积淀，教学实习也能够为他们积累一定的实践经验。然而，这种实践经验并不一定能转化为学科教学知识。不是所有的教学经历都能够自动地为教师带来实践知识。一个教师教了 10 年，可以成长为专家教师，也可以只是教了 10 个"一年"的高级新手教师。建构主义和解释主义的认识论哲学让人们认识到，知识一定要经由认知主体的个人建构，而非完全取决于外部输入。教师实践知识是教师在教学实践中建构的、直接支配教学行为的个人观点和信念，是教师个人化的知识。研究表明，教师的"实践知识"是教师个人在特定教学情境中形成的，反映了实践知识的个性化及情境化特点。[①] 教师培训的主要任务之一就是引导新教师意识到这一建构过程，培养自我发展意识，明确自身在各方面与专家教师之间的差距，尤其是在学科教学知识方面的差距，确立自身发展的方向和方式。美国名校在华汉语项目的师资培训都是比较成功的，尤其是岗前培训，本书认为对于国际汉语教师的培养和培训具有以下六点启示：

第一，国际汉语教师岗前培训的定位要明确。岗前培训是专

---

① 韩曙花，刘永兵．西方教师知识与教师专业发展研究述评［J］．外国教育研究，2011（11）：93.

为新手教师提供的，目的是解决新手教师在生存阶段可能遇到的问题。成熟的教师可以在教学实践中发展出高度个人化的教学理论，即学科教学知识。而在岗前培训中，新教师的首要任务是转变角色、转换思维，意识到实践知识的存在和重要性，为今后构建自身学科教学知识体系做好准备。在教学技能方面，岗前培训是联系“知”和“行”之间的桥梁，以逐步训练必需的教学技能为主要任务，目标是掌握培训所要求的教学模式的各个步骤，培养该教学模式的整体意识。就像一个铁匠最开始只能按照规定好的步骤锻打出简单的铁器，磨炼手法和意识，到技艺高超时才能随心所欲地打造出高品质的铁器。同时，合作意识是新时代教师必须培养的一种职业意识，这也是岗前培训应注重的一个方面。

第二，应专门为刚参加工作的新教师提供针对性、支持性的岗前培训。这是连接职前培养和在职培训的桥梁，可以为新教师在教学实际工作中可能面对的各种问题提供指导，同时还能减少他们的挫败感和孤独感。如能将新教师未来实际教学使用的教材作为试讲材料，则有利于减少陌生感，增强自信心。

第三，作为实践知识之一的学科教学知识是岗前培训的一个重要内容。合理的培训模式将有助于学科教学知识的系统化，可以有效地缩短教师成长的周期。

第四，岗前培训中的教学观摩可以进行案例教学，采用合作学习的方式，从多个角度进行点评，在对如何发现问题、分析问题、进行决策等进行讨论的过程中，在真实的教学情境下，提高教师的课堂教学意识，促进理论知识与实践的有机结合。

第五，国际汉语教师岗前培训同样应因材施教，根据培训对象的背景及工作需求进行。例如即将赴海外任教的新手教师，应通过密集型教学实践训练，采用微格教学的方式，争取在短时间内掌握程序性较强的教学模式。而经验型教师，则可以采用座谈式，观摩教学录像，分析学生的需求，分享教学心得，如相同教学内容的不同任务设计等，以达到隐性知识外化、知识系统化的目的。

第六，目前国际汉语教师的培训可以从两个方面进行突破：一个是新手教师的岗前培训，另一个是教师培训师的培养。

六、教学机构应建立培养模式，培养培训师团队

培训师在精英式强化教学模式的实施上起着非常重要的作用。开展国际汉语教学应该培养培训师团队，建立培训师的培养模式。

学科理论知识和学科教学知识作为教师实践知识，直接支配教师教学行为的个人观点和信念，只能由教师在实践中建构，是教师个人化的知识。培训师的培养模式可根据不同知识的特点，结合学校长期教学体制，为教师提供适合的学习条件和实践机会，建立长效、系统的培养模式。培养模式可分为以教师个人自学为主、以有组织的集体培训为主和两者相结合三种。有条件的院校可以将汉语教学与教师培训相结合，个人学习与合作学习相结合，形成学习型组织。通过知识管理进行经验共享，实现共同进步，达到培养培训师团队的目标。以下列举的是一些可供参考的培养方式：

（1）集中讲授：知识管理最高效的方式就是集中讲授，将已经形成文字或者可以表达的知识以学术讲座或集体授课的形式传输给组织中的每一员。这种方式适合系统化、内容量大的学科理论知识，以及由需求决定的教学环境类知识。

（2）自学+教学：知识是由个人参与构建的，每个人都可以创造属于自己的新知识。教师自学，通过与目标知识的互动，构建个人化的知识。而一切学习行为只有通过亲身经历，才能给学习者留下深刻的印象，才能给他们的行为带来持久性的改变。这是

体验文化教学法的教学理念。[①] 自学形成的知识通过亲身实践，不但会得到进一步内化，也能得到及时的反馈与纠正。自学的方式可以是学习文献、选修相关课程、听取讲座或观摩课堂教学等，教学的方式可以是汉语课堂教学、学术讲座、系统授课或是主持教师培训等。学科理论知识的积累需要大量时间，自学不受时间和空间的限制；学科教学知识必须通过教学实践由个人构建，教学的同时其他素质也能够得到发展。

（3）课堂观摩与案例教学：观摩课堂教学是教师培训最常用的方式，可以是观摩录像，也可以是现场观摩。Leinhardt 和 Smith 指出，可供课堂观摩的知识包括两方面：一方面是指教师授课内容的知识（Subject-matter Knowledge），另一方面是指教师用以传授知识的行动系统方面的知识（Action-system Knowledge）。[②] 第二个方面的知识也就是学科教学知识，课堂观摩的内容可以包括教师的体态语言、教师完成当天教学目标的程序和方式、教师控制课堂时间的技巧、教师的课堂教学技巧、教师与学生的互动方式以及学生的反应和反馈。课堂观摩可以在学期教学中适时安排，培养对象根据需要确定观摩对象、观察目标、设计填写观摩记录，形成文字的案例分析报告，如有条件，应在教师当中组织汉语课堂教学的案例教学。这一过程是对课堂中其他教师所运用的学科教学知识的观察、理解、分析、归纳，在深层加工后进行运用，最终达到个人化的过程。

（4）合作学习+知识共享：个人的努力在学习氛围良好、知识管理有效的集体中可以达到更好的效果。知识共享有很多方式，如集体备课、共享教学资料、建立案例库、主题讨论会、学期后

---

① 虞莉．中文教师培训项目 SPEAC 模式述评［J］．国际汉语教育动态研究，2006（4）：67.

② 梁新欣．如何从观摩课堂教学中学习教学技巧，《美国各大学联合汉语中心培训手册》，内部资料．

总结培训等等。合作学习可以是分组学习或共同研究某一问题。具体的模式可以有多种组合，比如，在日常教学中，将教师们分成小组，给出规定的学习任务或研究目标，教师通过自学或合作学习完成学习任务或制定研究计划，并在教学中进行实践验证或实际操作，也可以就某一教学技巧互相培训，并定时进行经验总结，组织小组间的相互交流。

本章小结

本章提炼了精英式强化教学模式的框架，重点讨论了精英式强化教学模式的成功因素及其局限，并在此基础上探讨了该教学模式对国际汉语教学的启示。

本章从理念、总体设计与实施三个层面，教学和管理两个方面对精英式强化教学模式的框架进行了阐述。分析发现，精英式强化教学模式的框架和特点与“明德模式”基本一致。本书认为，美国名校在华汉语项目在教学设计与实施方面基本上继承了“明德模式”的理念和框架，只略有调整。在管理上，精英式强化教学模式与明德模式如出一辙。因此，美国名校在华汉语项目中所实施的精英式强化教学模式可以视为“明德模式”在目的语环境下的变体，是“明德模式”的继承与发展。

本书从教学理念、教学设计与实施以及教学管理三个方面分析了精英式强化教学模式的成功因素；分析了精英式强化教学模式在实现条件上的局限性，以及在教学设计及实施和教学管理上的不足之处。

本书认为精英式强化教学模式对国际汉语教学的启示主要体现在以下六个方面：

（1）要充分发掘教学实践中行之有效的教学技巧。

（2）教学内容不应局限于生活交际语言或文化知识。

（3）语言教学不等同于文化教学，但也离不开文化教学。

（4）随文识字，缩短汉字教学时间。

（5）岗前培训应定位明确、因材施教，重视教学实践知识。

（6）培养培训师团队，建立培训师的培养模式。

结　　语

一、全书主要内容及观点

（一）美国名校在华汉语教学模式的个案研究

（1）本书对 ACC、PIB 和 DSIC 三个美国名校在华项目的汉语教学模式进行了考察，首先从汉语教学的角度对三个项目的理念、总体设计和实施层面进行了阐述。通过分析比较，本书发现这三个美国名校在华项目所实施的汉语教学模式在教学理念、教学程序、教学策略、主要的教学技巧等方面都非常相似，区别多在于教学实施层面的具体决策。与其他汉语教学模式相比，美国名校在华汉语项目的教学最为显著的特点是速成、强化和高标准、严要求：语音准确，表达流利，短期内要求从“成句”到“成段”，听说读写全面发展，“从基本的、具体的功能性交际上升到有主题的、抽象的、与社会现实紧密结合的学术性交流”。这对学生和教师的要求都非常高，只有通过密集的课程、高强度的反复练习才有可能达到。本书在此基础上将美国名校在华项目中实践的汉语教学模式提炼为以强化为手段、以培养精英为目标的精英式强化教学模式，其主要特点是密集强化、多听多说、高标准、严要求。

（2）本书从对学生学习行为、教师教学行为和教学环境三个方面对实施精英式强化教学模式的条件进行了归纳，并且从学生管理、教师管理和教学环境管理这三个方面出发，阐述了精英式强化教学模式的管理体系。主要借鉴教学评价、微格教学、知识管理、课堂环境管理等相关理论，从教学质量管理的角度分析了学生的学业评价、教师的岗前培训、集体备课、听课评课制度和教师评价，教学环境的语言环境，课堂环境和组织环境等八个方面的管理措施及其实施效果。分析结果说明，精英式强化教学模式的管理框架是合理且有效的。通过这些管理措施，教师和学生在群体动力的影响下逐渐了解、理解、接受、自发形成并自觉遵守教学模式所要求的行为规范。这些项目中的管理措施对教学策略的顺利实施起了非常重要的作用，应该作为其教学模式的有机组成部分。

（3）通过转写课堂教学录像，本书统计分析了课堂教学中师生相关的言语行为和非言语行为，结合转写文本提供真实的教学情境，从平均语速、师生的开口率、话语输出量、整句输出率、教师的纠错率、讲解行为以及其他教学指令等七个方面，考察了课堂中关于正常语速、全程纠错、大量输出、整句输出、精讲多练等教学策略的实施情况。分析结果说明，精英式强化教学模式的教学策略在课堂教学中基本能够实现，并且实施效果良好。

（4）本书从理念、总体设计与实施三个层面，教学和管理两个方面对精英式强化教学模式的框架进行了阐述。分析发现，精英式强化教学模式的框架和特点与“明德模式”基本一致。本书认为，美国名校在华汉语项目在教学设计与实施方面基本上继承了“明德模式”的理念和框架，只略有调整。在管理上，精英式强化教学模式与明德模式如出一辙。因此，美国名校在华汉语项目中所实施的精英式强化教学模式可以视为“明德模式”在目的语环境下的变体，是“明德模式”的继承与发展。

本书分析了精英式强化教学模式的成功因素，在实现条件上的局限性，及其在教学设计及实施和教学管理上的不足之处。

本书认为，精英式强化教学模式对国际汉语教学的启示主要体现在以下六个方面：

①要充分发掘教学实践中行之有效的教学技巧。

②教学内容不应局限于生活交际语言或文化知识。

③语言教学不等同于文化教学，但也离不开文化教学。

④随文识字，缩短汉字教学时间。

⑤岗前培训应定位明确、因材施教，重视教学实践知识。

⑥培养培训师团队，建立培训师的培养模式。

（二）国际汉语教学模式的定义及框架

本书在第一章中对国际教学模式进行了初步定义，并构拟了教学模式的模型：

国际汉语教学模式是一个从汉语的特点出发，结合教学对象和教学环境的具体情况，指导汉语教学实践的教学和管理理念与策略体系，具有稳定性、灵活性、系统性、可操作性的特点。

国际汉语教学模式的构成要素大致分为：

（1）宏观层面：理念、设计和实施。

（2）中观层面：教学体系和管理体系。

（3）微观层面：操作层面的原则、方式、技巧和措施。

通过对美国名校在华汉语教学模式的个案研究，本书对国际汉语教学模式的定义和框架进行了验证和修正，认为本书提出的国际汉语教学模式的初步框架基本合理，并就定义当中的教学管理、从汉语的特点出发、范式及非范式三个方面展开了理论探讨，最后从研究价值的角度出发，将狭义上的国际汉语教学模式定义为：

国际汉语教学模式就是在教学理念的指导下，以汉语作为目的语，结合教学对象、环境和资源的特点，在教学中形成或提出的教学（学习）范式及管理体系的完整系统。

本书论述了国际汉语教学模式三个层面的内涵、特点及其相互关系，并对国际汉语教学模式框架的具体构成要素进行了探讨，充实了国际汉语教学模式定义的内涵。

二、本书的不足之处

虽然笔者在研究中本着认真踏实的态度，力求创新、广度深度兼顾，但是由于水平有限或思考不够深入，本书仍有很多不足之处。比如在对国际汉语教学模式进行定义及框架描述时，部分论述不够周全，在框架的严密性和准确性方面还有待加强，需要更加缜密的思考。对精英式强化教学模式课堂教学实践情况进行的实证考察，数据库的建立虽然设计严密，转写和标注规则清楚，样本质量也很高，但是样本数量较小，一定程度上影响了研究结果的说服力，科学性还有待加强。在国际汉语教学模式研究理论体系和方法的思考部分尚显得比较薄弱，宏观系统分析能力不足。此外，笔者在本书中某些问题的表述和分析上还显得不够成熟，需要在将来的教学工作和实践中进一步研究，深入思考，继续完善。

三、后续研究方向

国际汉语教学模式研究是笔者的研究兴趣所在，与笔者今后的工作也息息相关，所以笔者将保持研究的热情和动力，后续研究的方向主要包括：（1）继续深化美国名校在华汉语教学模式的个案研究，扩大样本数量，丰富研究角度，细化研究内容，深入挖掘教学模式的内部规律；（2）美国典型汉语教学模式个案的深入研究。在美国名校在华汉语教学模式研究的基础上，进一步完善研究的各个环节及研究方法，对美国典型的汉语教学模式进行更为深入和全面的解析，提炼出美国大学典型汉语教学模式和中小学典型汉语教学模式，为国际汉语教学模式研究提供更多的实证个案；（3）进一步深入思考国际汉语教学模式的内涵和外延，完善和修正国际汉语教学模式的框架；（4）在国际汉语教学模式的研究实践中，继续思考、总结归纳国际汉语教学模式的研究方法和方法论，完善国际汉语教学模式研究的理论体系。

参考文献

一、专著

［1］陈向明．质的研究方法与社会科学研究［M］．北京：教育科学出版社，2000：1，68，69，76，80－82，228－229，320，326.

［2］杜萍．有效课堂管理：方法与策略［M］．北京：教育科学出版社，2005：89.

［3］黄普全，王本陆．现代教学论学程［M．北京：教育科学出版社，1998：96.

［4］霍克斯［英］．结构主义和符号学［M］．瞿铁鹏译．上海：上海译文出版社，1987：8.

［5］黎天睦．现代外语教学法：理论与实践［M］．北京：北京语言学院出版社，1987：49.

［6］刘珣．对外汉语教育学引论［M］．北京：北京语言大学出版社，2000：15，65-71.

［7］刘颂浩．第二语言习得导论：对外汉语视角［M］．北京：世界图书出版公司，2007：89

［8］乔伊斯等．教学模式［M］．中国轻工业出版社，2002：78.

［9］杨翼．汉语教学评价［M］．北京：北京语言大学出版社，2008：24，268，270.

［10］姚道中．美国中文教学研究［M］．北京：华语教学出版社，2016.

［11］韦津利［澳］（Wajnryb，R.）．Class Observation Tasks：

A Resource Book for Language Teachers and Trainers 课堂观察任务：语言教师与培训者资源手册［M］. 魏立明导读. 北京：外语教学与研究出版社，2011：1-6，31.

［12］吴应辉. 汉语国际传播研究理论与方法［M］. 北京：中央民族大学出版社，2012：141.

［13］赵慕熹. 教育科研方法［M］. 北京：北京教育出版社，1991：44.

［14］Kumaravadivelu，B. Beyond Methods：Macrostrategies for Language Teaching［M］. Yale University Press，New Haven and London，2003：32.

二、期刊论文

［1］曹贤文. 明德模式与中国大陆高校基础汉语教学常规模式之比较——兼谈汉语教学的精英模式与大众模式的差异和互补［J］. 暨南大学华文学院学报，2007，（4）：56.

［2］陈东东. 美国学生中文教学法问卷调查报告［J］. 国际汉语教育动态研究，2009，（3）：52.

［3］程伟民、杜玲玲. 清华—哥伦比亚大学暑期汉语项目"家住"计划（HOMESTAY）的调查及分析［J］国外汉语教学动态，2004（3）

［4］崔永华. 汉语教学的教学类型［J］. 语言文字应用，1998（2）：49.

［5］高晨. 美国短期汉语教学项目一例——"哥伦比亚在北京"暑期汉语项目个案研究［J］. 国际汉语动态研究，2008（3）：49-58.

［6］谷陵. 海外孔子学院战略人力资源管理初探［J］汉语国际传播研究，2011（1）：14.

［7］韩曙花，刘永兵. 西方教师知识与教师专业发展研究述

评［J］. 外国教育研究，2011（11）：87.

［8］汲传波．论对外汉语教学模式的构建——由美国明德大学汉语教学谈起［J］. 汉语学习，2006，（4）：92.

［9］靳洪刚．语言定式教学法在中文习得和中文教学中的作用．《美国各大学联合汉语中心培训手册》，2013：35，89.

［10］君方．美国中等学校的汉语教学［J］. 语言学资料，1965（Z1）．

［11］康煜．刍议美国汉语教学法的变迁［J］. 青年作家（中外文艺版），2011（5）：47.

［12］柯传仁，沈禾玲．回顾与展望：美国汉语教学理论研究述评［J］. 语言教学与研究，2003（3）：30.

［13］黎天睦（Timothy Light）．美国的语言教学法——兼谈汉语教学［J］. 语言教学与研究．1980（4）：67.

［14］李泉．对外汉语教学的学科基本理论（上）［J］. 海外华文教育，2002（3）：8-9

［15］李泉．对外汉语教学的学科基本理论（下）［J］. 海外华文教育，2002（4）：16

［16］李泉．对外汉语教学的学科理论体系［J］. 海外华文教育，2002（2）：20.

［17］李雁冰．简论教学模式［J］. 山东教育科研，1994：(03)：23.

［18］李燕姝．美国大学的暑期语言班［J］. 外语教学与研究，1987（1）：104.

［19］理查德·T·汤姆逊，鲁健骥．美国汉语教学综述［J］. 语言教学与研究，1980（4）：56.

［20］梁新欣．如何从观摩课堂教学中学习教学技巧．《美国各大学联合汉语中心培训手册》，2013.

［21］刘乐宁．2004. 论汉语国别教材的适用性［J］. 国际汉

语学报，2010（0）：90.

［22］刘珣．美国基础汉语教学评介［J］．语言教学与研究，1993（1）：89.

［23］娄开阳，吕妍醒．美国明德汉语教学模式课堂操练方法的类型及其理据［J］．语言教学与研究，2011（5）：67.

［24］娄开阳，杨太康．美国“明德汉语教学模式”移植过程中出现的问题与对策［J］．国际汉语教学动态，2009（2）：52-58.

［25］娄开阳．美国“明德汉语教学模式”移植过程中出现的问题与对策［J］．国际汉语教育，2010（2）：51-57

［26］亓华，李雯．中美联办普北班中、高年级课堂话语互动模式研究［J］．北京师范大学学报（社会科学版），2009（6）：79.

［27］亓华．美国意识形态对汉语教学的渗透及我们的对策——从普林斯顿大学编写的汉语教材说起［J］．北京社会科学，2000（1）.

［28］汝淑媛．交际式教学法在汉语口语课堂教学中的运用［J］．语言文字应用，2006（S2）：78.

［29］盛炎．美国的速成外语教学［J］．世界汉语教学，1987（3）：54.

［30］施仲谋．明德中文暑校经验的启示［J］．世界汉语教学，1994（1）：34.

［31］王建琦．欧美高校汉语教学情况比照［J］．国际汉语教学动态与研究．2005（2）：78.

［32］王学松．“明德模式”研究述评［J］．语言文字应用，2007（S1）：77.

［33］王学松．来华美国留学生对汉语教师的评价标准——以PIB“教学评价”为例［J］．东北师大学报（哲学社会科学版），

2008（2）：98.

［34］卫斓．明德中文暑校为代表的美国中文项目教学模式的思考［A］．世界汉语教学学会．第九届国际汉语教学研讨会本书选［C］．世界汉语教学学会，2008，332-336

［35］杨石泉．美国汉语教学印象［J］．语言教学与研究，1985（1）．

［36］姚美玲．浅谈对美国学生的“古代汉语”教学——以CIEE的教学为例［J］．教育理论与实践，2009：33.

［37］印京华．近五年美国汉语教学状况与发展趋势［J］国际汉语教学动态与研究，2005（1）：89.

［38］虞莉．中文教师培训项目SPEAC模式述评［J］．国际汉语教育动态研究，2006（4）：67.

［39］张和生．美国明德大学的汉语教学［J］．中国高等教育，1997（1）．

［40］张喜荣，田德新．美国明德学院的中文教学［J］．世界汉语教学．2004（1）：52.

［41］赵金铭．国际汉语教育研究的现状与拓展［J］．语言教学与研究，2011（4）：90.

［42］赵金铭．国际汉语教育研究的现状与拓展［J］．语言教学与研究，2011（4）：88.

［43］赵金铭．汉语教学与研究的发展和创获［J］．语言教学与研究，1993（4）：23-25

［44］赵金铭．汉语教学与研究的发展和创获——第四届国际汉语教学讨论会本书综述［J］．世界汉语教学，1993（4）：33.

［45］朱永平［美］．第二语言习得难度的预测及教学策略［J］．语言教学与研究．2004（4）：98.

［46］朱永平［美］．逻辑推理方式与对外汉语教学法和课程设计——对外汉语教学之普林斯顿模式探讨之一［J］．国际汉语教

育 . 2010（2）：37-44.

［47］朱永平［美］. 继承与发展：赵元任汉语教学模式理念与普林斯顿模式——对外汉语教学之普林斯顿模式探讨之三［J］. 国际汉语教育 . 2012（1）：54.

［48］朱志平 . 海外汉语教学方兴未艾［J］. 汉语学习，1996（2）：132.

［49］Jin，Hong Gang. Thc rolc of formulaic speech in teaching and learning patterned Chinese structures. In Journal of Chinese Language Teachers Association，2004a，Vol. 39：1. 45-62

［50］Jin，Hong Gang. The importance of CFL teacher training on elicitation techniques. In Journal of Chinese Language Teachers Association，2004b，Vol. 39：3. 29-52.

［51］Jin，Hong Gang & Liang，Hsin-hsin. A thematic approach to teaching language forms and functions. In Journal of Chinese Language Teachers Association，2004c，Vol. 39：2. 85-110

三、学位论文、论文集及教材

［1］Jin，Hong Gang，Xu，De Bao，Chao，Derlin，& Chen，Yeafen. Crossing Path：Living and Learning in China（《留学中国》），2003，Cheng & Tsui Company，Mass：Boston.

［2］Jin，Hong Gang，Xu，De Bao & Hargett，James. China Scene：A Multimedia Approach to Chinese Language and Culture（《中国社会文化写实》），2000，Cheng & Tsui Company，Mass：Boston.

［3］黄启庆 . 杜克项目教学模式的探索与应用［C］. 第二届全国教育教材语言专题学术研讨会本书集，2008.

［4］李泉 . 对外汉语课程、大纲与教学模式研究［C］. 北京：商务印书馆，2006：293，295，331.

[5] 吕航．激励与约束——对我国高校业绩津贴分配制度的实证研究 [D]. 南京：南京师范大学，2003：11.

[6] 姚瑶．主题式教学在美国大学生高级汉语综合课上对学习焦虑的影响及分析 [D]. 华东师范大学，2011：89.

[7] 赵金铭．"十五"期间对外汉语学科建设研究 [C]. 对外汉语教学的全方位探索——对外汉语研究学术讨论会本书集，北京：北京语言大学出版社，2004：47.

附　　录

附录1　教学录像转写样本

一、课文名：现代人的恐慌

二、课型：大班课

三、录像来源：2011年ACC夏季项目三年级

四、课堂教学情况转写

1. 听写：共7：56秒

2. 听写的内容：

生词：有

句子：（1）机动车排放的尾气是造成污染的主要原因。

（2）在电脑时代，读书这个概念出现了被上网取代的趋势。

（3）课堂教学：约50分钟

T：好，我们开始上课（老师笑）。好，那今天我们的课文说现代人有一种特别不好的感觉，是什么感觉呢？费得（G）

S5：呃……

T：是什么感觉，是（P+Y）……恐慌的感觉，一起来说，是什么，恐慌。（G）

S3：恐慌（Y）

T：瑞德再来

S5：恐慌

T：没问题

S4：恐慌

T：对了

S3：恐慌

T：恐，恐慌（Y+G）

S3：恐慌

T：没问题。所以我们今天的课文是什么呢？（P）现代人的恐慌。再来（G）

SS：现代人的恐慌

S6：现代人的恐慌

T：对（G）

S3：现代人的恐慌

T：没问题（G）

S5：现代人的恐慌

T：好，对了，好，那现代人很恐慌，是因为我们现在进入了一个什么样的时代呢？（G）吉野

S1：现代人很恐慌是因为我们进入了因特网的时代。

T：特别好，现在人很恐慌，（G）是因为我们进入了因特网时代（P），进入一个时代是说这个社会，现在有，整个社会都有这个特点，好，那我们现在生活中到处都有很多科技产品，所以我们进入了什么样的时代？（G）

S3：我们进入了科技时代

T：对了，我们的生活中有什么？我们的生活中有很多科技产品，所以我们进入了科技时代（P）。好，那进入了因特网时代以后（P），读书还是一件非常流行的事情吗？（G）

S6：读书是一个很流行的……

T：流行还是不流行？

S6：不流行……

T：的事情，对，进入因特网时代读书不流行了（P）。读书怎么样？读书过时了（P），对，进入因特网时代，读书怎么样了？

进入因特网时代读书过时了（P）。好，那为了了解中国读书的情况，我们对一部分中国人做了调查（（G），表明一部分），我们做了什么调查呢？抽样调查，再来（G）

SS：抽样调查

T：好，那根据这个抽样调查，中国人的阅读率下降了特别多吗？（P+G）费柔

S4：根据抽样调查

T：嗯（N）

S4：呃，中，中的阅读率

T：率

S4：大幅度下降。（（E））

T：大幅度（G）手臂上下波动表示大幅度

S4：：大幅度下降

T：对，好，一起来说这个词是什么？（P）

SS：阅读率（G）

S5：阅读率

T：对了（G+Y）

S3：阅读率

T：阅读，率（G）

S1：阅读率（G）

S3：阅读率（E）

T：读

S3：读

T：对，很好．阅读率（（G）表示声调），一起来（G）

SS：阅读率

附录2　ACC岗前培训效果调查问卷（学员版）

本问卷所有问题均为单项选择，请在认为合适的□中划×。

调查人信息

性别：　男 □　　　　女 □

年龄：20～25 岁□　26～30 岁□　31～35 岁□　36～40 岁□

学历：大学本科□　　硕士研究生□　　博士研究生□

专业背景：

教学经验：有□　　　无□

从教时间：0～1 个月□　　1～3 个月□　　3～6 个月□

6～12 个月□　　12～24 个月□　　24 个月以上□

问卷内容

A 教学理论　　　　　B 教学中会出现的问题与解决办法

C 语法知识　　　　　D 分组备课

E 试教演示　　　　　F 观摩评课

G 培训老师点评　　　H 培训总结

一、本次培训设置中各个部分对你的帮助有多大？

0 无　1 有一点帮助，但用处不大　2 有一些帮助

3 有较大帮助　4 非常有帮助

A 教学理论：0□　1□　2□　3□　4□

B 问题与解决办法：0□　1□　2□　3□　4□

C 语法知识：0□　1□　2□　3□　4□

D 分组备课：0□　1□　2□　3□　4□

E 试教演示：0□　1□　2□　3□　4□

F 观摩评课：0□　1□　2□　3□　4□

G 培训老师点评：0□　1□　2□　3□　4□

H 培训总结：0□　1□　2□　3□　4□

二、本次培训设置中哪个部分你认为培训量/强度是否充分，是否应该增加或减少？

0 太多了，应该减少　1 很充分，可以适当减少

2 充分，不需要改变　3 比较充分，可以适当增加

4 比较少，需要增加

A 教学理论：0□　1□　2□　3□　4□

B 问题与解决办法：0□　1□　2□　3□　4□

C 语法知识：0□　1□　2□　3□　4□

D 分组备课：0□　1□　2□　3□　4□

E 试教演示：0□　1□　2□　3□　4□

F 观摩评课：0□　1□　2□　3□　4□

G 培训老师点评：0□　1□　2□　3□　4□

H 培训总结：0□　1□　2□　3□　4□

三、本次培训你在各个方面的提高有多大？

0 没有提高　1 有一些提高，但还非常不够　2 有提高，但还不足以胜任教学　3 提高很大，基本可以胜任教学　4 提高非常大，已经可以胜任教学

A 教学理论：0□　1□　2□　3□　4□

B 语法知识：0□　1□　2□　3□　4□

C 课堂提问技巧：0□　1□　2□　3□　4□

D 教学心理素质：0□　1□　2□　3□　4□

E 课堂应变能力：0□　1□　2□　3□　4□

F 教学交际策略：0□　1□　2□　3□　4□

G 课型教学模式把握：小班课 0□　1□　2□　3□　4□

讨论课 0□　1□　2□　3□　4□

单班课 0□　1□　2□　3□　4□

H 课堂节奏把握：小班课 0□　1□　2□　3□　4□

讨论课 0□　1□　2□　3□　4□

单班课 0□　1□　2□　3□　4□

I 学生偏误预测：0□　1□　2□　3□　4□

J 其他：0□　1□　2□　3□　4□

四、本次培训对培养你的哪种教学意识比较有提高？

0 没有提高　1 有一些提高，但还非常不够　2 有提高，但还不足以胜任教学　3 提高很大，基本可以胜任教学　4 提高非常大，已经可以胜任教学

A 以学生为中心的意识：0□　1□　2□　3□　4□

B 课堂教学的交际意识：0□　1□　2□　3□　4□

C 课堂教学语言的意识：0□　1□　2□　3□　4□

D 课堂教学的课型意识：0□　1□　2□　3□　4□

E 课堂教学的目的意识：0□　1□　2□　3□　4□

F 课堂教学的敬业意识：0□　1□　2□　3□　4□

G 创造良好而活跃的课堂气氛的意识：0□　1□　2□　3□　4□

H 跨文化教学意识：0□　1□　2□　3□　4□

I 语用指导意识：0□　1□　2□　3□　4□

J 引导学生掌握正确学习策略的意识：0□　1□　2□　3□　4□

K 纠错意识：0□　1□　2□　3□　4□

L 课堂教学的时效意识：0□　1□　2□　3□　4□

五、本次培训以后有哪些方面你认为可以在教学过程中自然提高？本次培训以后有什么方面你必须自己提高？（文字叙述）

六、你对本次培训的总体评价是？（除了满意度，请用几句话描述。）

0 非常不满意 1. 不太满意 2. 满意 3. 很满意 4. 非常满意

附录3 美国名校在华汉语项目师生访谈提纲

学生访谈提纲

1. 说说你每天花多长时间学习汉语？怎么学习汉语？你了解每一种课上老师用什么样的办法帮你学汉语吗？

2. 项目里的哪一种课你最喜欢？在哪一种课上你最紧张？为什么紧张？哪一种气氛对你学汉语的帮助最大？为什么？

3. 上课的时候你怕说错吗？老师纠正你的错误会让你没面子吗？你会用什么办法避免让老师纠正你？你在课堂上可以表达自己的思想吗？你认为你在课堂上跟老师在交流思想吗？

4. 不练习生词，这些生词你能记住吗？有没有布置作业帮你记住？

5. 二年级一开始就说句子，听的录音也很长，你习惯吗？后来是怎么习惯的？

6. 大课和单班课常常用讲故事的办法让你学习或复习课文里的内容和语法、生词，这种讲故事的办法对你的阅读有帮助吗？你会用这种办法去预习课文或者学习别的文章吗？

7. 学习的课文有意思吗？为什么？哪些课文你最不喜欢？为什么？你了解了哪些中国人的思想和行为？跟课文有关系吗？了解中国的文化对你有用吗？是否让你对更容易理解自己身边发生的事了？

8. ACC 的哪些安排对保持学习动机有帮助，让你会更加努力地学习汉语？（语言誓约，听写，课堂关于课文内容理解性的问题，讨论中外文化的差异，考试，和语伴聊天，组织文化活动，中文之夜的表演）

9. 你最喜欢项目里的一点是什么？最不喜欢的是什么？

项目里教师访谈提纲

二年级

1. 请你介绍一下你一天的工作。各个课型对学生的要求是什么？学生知道他们应该做什么吗？怎么知道的？

2. 项目里怎么给学生成绩？老师有发言权比较弹性的部分是什么？占总成绩的比例如何？给总成绩的时候会综合考虑学生的书面成绩和平时口头表现出来的语言能力、态度这些因素吗？会把和其他学生的横向对比考虑进去吗？考虑学生两个学期之间的进步吗？最后给出的成绩与这个学生的真实语言水平是基本一致的吗？如果学生来要分数，或者质疑分数，有什么措施吗？

3. 常常有人来听你的课吗？项目里有哪些评估老师保证质量的办法？期中的评估对后期你的工作有影响吗？评估以后有没有措施帮助老师提高教学质量？项目里的老师会担心被解雇吗？

4. 你的工作热情高吗？项目里有哪些措施激励你每天努力工作？

5. 这种课型的词汇教学特点是什么？为什么这么做？

6. 课文在这种课型中起什么样的作用？怎么处理课文？为什么这么做？

7. 你发现课堂上存在哪些文化因素你需要小心处理？你怎么处理？课堂语言与行为以学生的母文化为标准还是以教师的母文化为标准？

8. 你认为项目里对教学当中的文化因素应采取怎样的态度？文化教学的目标是什么？怎么做？

9. 你认为英文在教学中扮演什么角色？

10. 同年级的教师之间以什么样的方式一起工作？工作的氛围如何？你怎样评价同事之间的关系？

11. 你对集体的贡献体现在什么地方？集体在哪些方面为你提供帮助？

12. 你如何管理课堂时间？项目里在课堂管理方面的要求是什么？

13. 你认为项目里给你带来的最大改变是什么？

14. 你认为项目里的教学模式有效吗？原因是什么？

附录4　美国名校在华项目给学生的预习材料样本

使用年级：四年级

Study Guide

补充材料　　第三课　　变脸

第一部分：重要生词

边缘	生老病死	喜怒哀乐	动人	江湖
底层	边缘	起+作用	规矩	规范
固定	社会地位	精通	技艺	家传
珍贵	药方	失传	独家秘传	专利
可贵	扩大+影响	终身	徒弟	传授
养活	廉价	人贩	转卖	图利
脱手	假扮	全心全意	抚养/赡养	上当受骗
抛弃	相依为命	杂技	脸谱	细看
赖以为生	陷入+困境	饥饿	拐（骗）	阁楼
设法	不明就里	牵涉	刑罚	想法设法
营救	绝活	冷酷	温情	依旧

第二部分：语法解释（grammar notes）

1. 引起……的注意　　to capture the attention of…

小人物的生老病死、喜怒哀乐完全引不起人们的注意。

中国贫富差距的问题已经引起了政府的注意。

2. 以/靠……为生　　to rely on…to make a living

江湖卖艺的是靠杂耍为生的一群人。

城市流动人口大多靠打工为生。

3. ……，更别说　　……，not to mention…

这些江湖艺人都有“传子不传女”的传统，更别说把这种家传的技艺教给别人了。

我根本没有见过这个人，更别说认识他了。

4. 便于+verb phrase　　make it easy to…

有些人贩子为了便于脱手，把女孩假扮成男孩。

为了便于书写，新中国决定采用简体字。

5. 趁+situation，…take advantage of；avail oneself of

小女孩趁变脸王不在船上，找出了脸谱细看。

他趁现在手机很便宜，买了一个又漂亮又时尚的手机。

6. 赖以为生的 noun. rely on or depend on…to make a living

小女孩把他们赖以为生的那条船给烧了。

为了养活孩子，他卖掉了赖以为生的土地。

7. 迫使+sb. +verb phrase force sb. to do sth.

办案的警察用刑罚迫使变脸王承认他拐骗了孩子。

老板迫使工人接受了不平等的雇佣合同。

第三部分：讨论的问题

在你预习（prepare for lessons）的时候，请你想想下面的问题，老师们在上课的时候会和你们讨论（discuss）这些问题。

1. 江湖艺人有“传子不传女”的传统，为什么会有这样的传统？这样的传统有利于保护传统技艺吗？

2. 独家秘传的技艺渐渐失传了，政府应该采取措施保护这些家传的技艺吗？如何保护？

3. 江湖艺人的专利和传统技艺的保护，哪个更重要？政府可以为了保护传统技艺侵犯艺人的专利吗？

4. 为什么变脸王发现狗娃是女孩儿后，让她叫自己老板而不是爷爷？

5. 狗娃被变脸王赶走了，她为什么不怨恨他，反而把天赐带给变脸王，她不是想自己学变脸吗？

6. 变脸王发现自己上当受骗了，他的徒弟并不是男孩，他为什么没有抛弃这个女孩儿？

7. 变脸王最后为什么把变脸的绝活传给女孩儿？

8. 如果你是变脸王，你会把变脸的绝活传给了女孩儿吗？

9. 变脸王和狗娃的关系有过几次变化，导演想通过这些变化表达什么？

10. 江湖真的是法律起不了作用的地方吗？江湖的规矩和法律是什么关系？

11. 你怎么理解江湖？变脸王身上体现了什么样的江湖性格？

12. 变脸王对菩萨的态度有改变吗？有了什么样的改变？

13. 作者说，像变脸王和狗娃这样的故事依旧不同程度地出现在我们的周围。这句话是什么意思？作者想表达什么？

14. 江湖中的艺人有没有不同的社会阶层？活观音和变脸王的生活为什么很不一样？

15. 变脸王救了狗娃还是狗娃救了变脸王？

- 你觉得变脸王的社会地位高吗？活观音呢？活观音真的受到了大家的尊敬吗？
- 活观音说："我和你爷爷都是艺人、戏子，在人家眼里，算不得什么。"
- 同样是艺人，他们的待遇和生活条件为什么不一样？
- 活观音在电影里具有什么意义？

附录5　美国名校在华项目教师备课材料样本

课文名：网毒猛于虎

课型：大班课

年级：四年级

导入

这篇文章的作者说网毒猛于虎，他指的是什么？他觉得什么是网毒？

你觉得色情网站是网毒吗？需要开展专项行动打击淫秽色情网站吗？

开展……行动

1. 你们国家的政府会开展专项行动打击色情网站吗？为什么？

2. 如果北京出现了很多欺骗外国人的事件，政府应该开展专项行动解决这个问题吗？

3. 如果公交车上有很多人偷钱，政府应该开展打击偷窃的行动吗？

4. 酒后开车引发很多交通事故，政府应该开展打击酒后开车专项行动吗？

5. 你觉得中国政府应该开展打击色情网站专项行动？政府是怎么开展打击色情网站专项行动的呢？他们做了什么？

取缔色情网站

政府怎么知道隐蔽的色情网站呢？

有群众积极举报那些隐蔽的色情网站。

向……举报　　容忍

如果你们国家的政府开展打击色情网站专项行动，你会向政府举报隐蔽的色情网站吗？

●你认为发现色情网站应该举报吗？

●什么样的网站我们应该取缔？什么样的网站可以容忍？

●任何与色情有关的网站都应该取缔吗？

任何……都……

1. 在美国，所有的人都有言论自由吗？

2. 所有十八岁以上的人都可以投票选总统吗？

3. 儿童可以看色情网站吗？

4. 中国存在贫富差距吗？美国呢？

5. 中国的历史文化和其他的国家一样吗？

6. 农民工的权利应该得到保障吗？

7. 你喜欢外表和内心都很美的女人吗？

——任何人都喜欢外表和内心都很美的女人。所以，外表和内心都很重要吗？

足见外表和内心都很重要。

……，足见…… Suffice to illustrate

1. 他能看懂所有的中国电视节目。——

2. 苏州举办了模特大赛，提高了城市的知名度，也赚了很多钱，——有时候美女经济对城市发展有好处。

3. 很多女人去整容——很多人认为外表很重要

4. 两口子闹离婚，小孩子不愿意回家了，离婚对孩子有影响吗？——

5. 很多人贷款买东西，引发了经济危机——贷款有没有不好的影响？

6. 现在越来越多的人开始学中文——

7. 听说小布什在耶鲁上学时，成绩都是 C——

8. 有的家长说，他根本不敢让孩子上网，有网友说，不铲除这些毒瘤，家长不放心，社会不安定，——足见很多人支持打击

色情网站的专项行动

家长说这些话的时候是不是很冷静，没感觉？

——慷慨激昂

网友们觉得这个专项行动是符合民意的，是吗？

●在你看来，到底打击色情网站是不是民意？

有网友说，有的国家、民族会容忍垃圾文化吗？

——任何国家、民族都不会容忍垃圾文化。

●在你看来，什么样的文化是垃圾文化？色情网站是垃圾文化吗？

●有了色情网站，文化环境就不干净了吗？

●网络应该创造一种什么样的文化环境呢？只提供好的、有用的信息吗？有这样的可能吗？

所以我们说网络是一把双刃剑，现代人可以享受它提供的科技资讯和便利信息，也得经受它带来的负面影响吗？

在……的同时，……（在……时，……）　While, at the same time　遭遇

1. 现代人在享受它提供的科技资讯和便利信息时，也经受着它带来的负面影响。

2. 贷款买房可以住上大房子，还要承受还贷款的压力吗？

3. 中国的经济发展了，人们的观念发生变化了吗？

4. 科技越来越发达了，环境呢？

5. 你在享受网络提供的便利时，有没有被色情网站袭击（麻烦）的遭遇？

6. 你觉得这是不是一个遭遇？

作者觉得色情网站的危害是什么？

败坏社会风气　污染社会环境　危害身心健康

●你同意吗？色情网站有这么大的危害吗？

作者觉得“网毒猛于虎”，过分了吗？

……，一点都不为过。　It is not at all exaggerated

1. 美国人抓住了本·拉登，很多人觉得应杀死他——

2. 这所学校规定，小学生上课不能带手机，你觉得这个规定怎么样？

3. 有些人觉得，孩子应该知道父母之间发生了什么事情，所以带孩子上法院离婚—

4. 在以貌取人的社会，美女去整容奇怪吗？

5. 北京的房价很高，所以说北京的房价是天价对吗？

6. 计划生育让一个家庭只能有一个孩子，说他们是小皇帝可以吗？

7. 麦当劳和肯德基对身体不好，说它们是垃圾食品可以吗？

8. 色情网站败坏社会风气，污染社会环境，说网毒猛于虎——

网民哪些人多？学生、工人还是政府工作者？

以……居多　be in the majority

1. 网民以学生居多。

2. 在美国，买房子的人是年轻人多还是中年人多？

3. 喜欢时尚手机的人是年轻人多还是中年人多？

4. 参加选美比赛的人是年轻人多还是中年人多？

为什么作者认为色情网站会毒害青少年？

辨别力　抵抗力

色情网站会给青少年带来什么样的危害呢？

- 你同意作者的看法吗？
- 作者说色情是杀人不见血的毒品，会让人思想空虚、精神萎靡、意志消沉，在美国是这样吗？你是不是同意这样的说法？
- 是不是只有迷恋网络色情就会这样？别的事情就不会造成

这种结果吗？

同样 adv.　Equally

1. 网络色情对青少年有不良影响，对成年人就没有吗？

2. 中国有发展不平衡的问题，美国呢？

3. 太多人贷款买房会给中国带来经济危机，美国呢？

4. 中国因为感情破裂而离婚的人不在少数，你们国家呢？

5. 中国美女经济的现象很多，美国呢？

6. 在中国，滥用手机带来了很多负面影响，美国呢？

7. 在中国，色情网站带来了很多危害，你们国家呢？

A……，B 同样如此。

1. 有些人说男人看重外表，女人呢？女人觉得外表一点儿也不重要吗？

2. 手机是一柄双刃剑，有好处也有坏处，那么互联网呢？

● 你觉得网络色情带来的危害是网络的错吗？应该进行网络管理吗？怎么管理呢？

● 色情网站用政府的手段能控制吗？

● 政府控制能不能从根本上解决色情网站的问题？

● 为什么色情网站泛滥呢？

● 色情网站屡禁不止，一定有存在的理由，你觉得色情网站的存在到底是为什么？

经济利益　驱动　营利性质　利益关系

之所以……，是因为……

1. 色情网站之所以泛滥，是因为其背后有强大的经济利益的驱动。

2. 你为什么参加普北班？

3. 为什么越来越多的年轻人贷款买房子？

4. 为什么中国离婚的人越来越多？

5. 为什么网络色情对青少年的危害特别大？

6. 为什么说网络是一把双刃剑？（享受便利信息，经受负面影响）

7. 为什么很多城市举办模特大赛？

8. 为什么政府要开展专项行动打击色情网站？（负面影响）

政府要开展专项行动打击色情网站的目的是什么？

……的任务/原因/目的+在于+……To lie in

1. 政府开展专项行动打击色情网站的目的在于给人民一个干净的网络环境。

2. 你努力学习汉语的目的在于？

3. 很多人离婚是因为感情破裂了。

4. 为什么群众要积极举报隐蔽的色情网站？

5. 为什么公司喜欢用美女推销商品？

6. 为什么很多人反对带着孩子上法院离婚？

7. 这项行动的任务是取缔色情网站——

●你觉得应该采取什么样的手段打击色情网站呢？

切实可行　法律法规　严惩　处以罚款　科技手段

对于违反交通法规的人，我们应该怎样做？

对于不交税的人，我们应该怎样做？

●对色情的传播者处于高额罚款能不能从根本上解决这个问题？科技手段呢？

作者说打击色情网站会阻碍网络的发展吗？会让网络发挥更大的作用吗？

不但不/没……反而……　Not only……, but……

1. 作者说打击色情网站不但不会阻碍网络的发展吗，反而会让网络发挥更大的作用。

天气预报说今天要下雨——

2. 明星做整容手术，手术失败了——

3. 美女经济有很多好处，但是如果过了度呢？

4. 如果产品代言人的名誉不好，能发挥好的作用吗？

5. 很多人感情破裂了，离婚一定对孩子有负面的影响吗？

6. 你觉得打击色情网站让网络发挥更大的作用吗？会不会阻碍网络的发展？

●作者说要正确地引导欲望，人的欲望还需要政府引导吗？

●你认为对于性的欲望是不好的吗？
如果过分压制欲望，能有好的效果吗？

●课文里说，现在全国开展了打击色情网站的行动。作者对这个行动持什么态度？你从课文中什么地方可以发现作者的态度？

●看色情网站是个人的事情，政府有权利干涉吗？是不是侵犯了个人的自由呢？

●作者说美好的生活是健康向上、文明科学的，而绝对不是下流的、害人的，色情网站是下流的、害人的吗？

●美国大部分年轻人对待色情文化，是什么态度？

●有人在网站上发黄色信息，法院严惩了他，他反告法院，说法院侵犯了他的言论自由，你觉得谁会赢？
如果你是法官，你判谁赢？
如果你是学生家长团体呢？

●限制人们在网络上传播色情信息，是不是限制人们的网络自由？

● 课文里的家长很担心孩子看到色情网站，有的甚至不让孩子上网。要是你是家长，你会不会限制你的孩子上网？

●要是你是父母，在一个偶然的机会，你在你孩子的房间里发现了色情杂志，你会怎么做？

●美国法律有没有规定多少岁以上的人可以看黄色网站？

附录6 美国名校在华项目语言实践准备材料样本

使用年级：二年级

要求：去采访（cǎi fǎng）三位中国人，然后请用下面的问题写一个报告，最少200字。星期五上午把报告交给老师。

语言实践课需要问的问题

1.“大锅饭”时代人们的工作特点：

（1）工作的时间

（2）人们对工作的责任心、工作热情

（3）会不会失业、靠谁分配工作、是不是人人都有工作

（4）那个时代人们心中的理想工作是什么

2.“大锅饭”时代人们的生活水平：

（1）买东西方便不方便

（2）生活忙碌不忙碌

（3）商品的质量

3. 现代社会的竞争给你带来了什么？

（1）现在找工作有什么困难？

（2）大学毕业的时候学校分配工作吗？学校会提供什么帮助？

（3）你喜欢自己选择工作还是靠学校分配工作？

（4）现在人们心中的理想工作是什么？

附录7　ACC各年级课文名称列表

二年级课文	三年级课文	四年级课文
到北京留学	单亲家庭	九年的家乡教育
留学生宿舍	新闻提要	山西黑砖场（报刊）
附近的饭馆	领养女婴	整容
早起、洗澡	星巴克的“第三空间”	拿来主义
过马路真危险	衣食住行	中国人你为什么不生气
中国家庭	摇滚歌手崔健	请客
我的中文课	胡锦涛会见日本客人	两岸的留学生
好好学习、天天向上	中国的住房改革	十年就白跑了
我生病了	私营企业	儿子（报刊）
我的自行车	联合国武器核查小组	风筝
去书店买书	美国广告入侵中小学	有话好好说（电影）
北京的公园	午餐与社会变化	兄弟（报刊）
打“的”	独生子女文化	专题模块（报刊）
饭桌上的客套	失业人口在扩大	特殊孩子（报刊）
喜宴（电影）	饮食男女（电影）	中国人的婚姻
给朋友过生日	长大不容易	奥运会（报刊）
秀水市场	快乐戒烟、健康生活	鬼神观
二年级课文	三年级课文	四年级课文
游览长城	音乐欣赏	文化与腐败（报刊）
高考	儿童乞丐	三个母亲
母亲、小皇帝	环境污染	中国教育（报刊）
从温饱到小康	选举	霸王别姬（电影）
不拘小节的人	大学生对性的态度	磨杵成针、精卫填海
从“发福”到“减肥”	宝洁的品牌策略	刻舟求剑、自相矛盾
无债一身轻	活着（电影）	揠苗助长、伯乐相马

续表

二年级课文	三年级课文	四年级课文
上下有别看中国	张艺谋	画蛇添足、苏秦之楚
人权与贸易	中国美术馆	塞翁失马、朝三暮四
爱情麻辣烫（电影）	安乐死	鹬蚌相争、涸辙之鲋
中国家庭的变化	华南虎繁殖成功	狐假虎威、南辕北辙
少开一天车	电视选秀	郑人买履
快乐在哪里	留守儿童	
色情暴力与言论自由	中国名牌，美国制造	
下岗女工	遛早儿	
她再也不想结婚了	现代人的恐慌	
现代科学技术		
文化比较		
中国的住房改革		

后　记

学海无涯苦坐舟，只有经历过的人才能明白，这种苦尽，必能甘来。三载苦读，时至今日，终成此文。激动之余，心存无限感激。

首先谨以最诚挚的敬意感谢我的导师吴应辉教授。入学前，是他以其厚重的人格魅力、渊博的知识底蕴、永不枯竭的创新思维指引我鼓起勇气敲开了学术殿堂的大门。入学后，是他以大家的气度、深邃的思想、广阔的视野引领我一步一步走进了汉语国际传播这个如朝阳正在升起、日后必将光芒万丈的崭新领域。

衷心感谢吴应辉老师在过去的三年中对我的学习和科研生活所倾注的大量时间和心血！这三年的学习生活是伴随着吴老师坦诚的谈话、中肯的批评和毫不吝惜的鼓励度过的。他对本学科研究问题的独到见解和对前沿方向的准确把握使我受益匪浅。他毫无保留地与学生分享他丰富的科研经验，不厌其烦地教导我们如何用科学的方法、正确的态度做科研，成为一个真正的研究者，这对于我来说是一笔十分宝贵的财富。他给我提供了很多锻炼自己的机会，在学业和科研上给予我的启发、指导、支持和磨砺，都令我终身难忘。本书是在吴老师的悉心指导下完成的，研究从选题立题、思路设计到材料收集、结果分析直至文章撰写和本书修改都凝结了导师的心血和智慧结晶。如果没有吴老师的无私帮助、热情鼓励和适时鞭策，完成这本书对我来说几乎是无法想象的。吴老师为人正直、治学严谨、慎思明辨、实事求是，同时也对学生悉心关怀，平等以待，他对人生意义的深刻理解和他的敬业精神，永远值得我学习。师恩如海，无以为报，唯有刻苦钻研，勤勉治学，望日后在科研上能有所成，得报万一。导师办公室里从不熄灭的灯光，指引着我不断前行。

衷心感谢 PIB 项目主任周质平教授、ACC 项目主任靳洪刚教授、DSIC 项目主任李坤珊教授、牧芝筠教授和朱小苗教授在教学和研究上对我的帮助与支持。感谢他们高超的教学和管理水平、严谨的工作态度让我在教学上得到了长足进步，从而奠定了本书研究的基础；感谢他们无私、开放的态度，为我提供了收集研究材料的便利，使我的研究得以顺利进行。在这些项目中的宝贵经历，令我终身受益。值此书完成之际，谨将千言万语汇成一句诚挚的感谢，感谢你们对我的诸多支持！

该书得以顺利完成离不开同学和朋友们的无私帮助。感谢李志凌在英文方面无私的帮助，感谢潘玉华、陈曦在访谈录音转写方面给予的支持，感谢学院硕士学生们转写课堂教学录像时辛苦的付出，感谢宋飞在数据库分析方面的大力支持，感谢武晨辰、周良熙在本书修改时提供的帮助。你们的情意我将铭记于心！

同时也要感谢来自我父母的正面影响！他们一生勤劳，他们从不抱怨，他们总是告诫我顺境中须戒骄戒躁，逆境中应毫不气馁。每当我为学业焦虑，因未来彷徨，脑海中父母坚定的目光总能让我重新鼓起勇气，他们让我相信，自强不息、坚持不懈就能实现自己的理想，愿我的努力能令家族荣光！

还要衷心感谢在我完成此书的过程中每一位关心过我、帮助过我的良师益友。感谢国际教育学院各位授课老师给予的指导、关怀和支持；感谢我的硕士导师谭春健教授给予的一贯关切和有益讨论；感谢同学们的关心和帮助，同窗无憾，祝福你们科研有果，早日完成学业。